JN291676

新経済学ライブラリ〈別巻12〉

ゲーム理論講義

船木由喜彦 著

新世社

はじめに

　人々の集まるところには，関係が生ずる．そのとき，協力が自然に起きることもあるだろうし，利害対立が起きる場合もある．これは社会，経済，政治など様々な状況で起こり得る．このような状況における人間行動を分析するための必須の学問が，ゲーム理論である．

　本書は，ゲーム理論を効果的に修得することを目的としており，そのため，非協力ゲーム理論と協力ゲーム理論をバランス良く取り扱っている．すなわち，本書は非協力ゲームと協力ゲームの両者を含むスタンダードなゲーム理論テキストを目指している．

　本書の内容は，早稲田大学政治経済学部における学部2年生から4年生向けの講義「ゲーム理論」の内容に基づいている．できるだけ，平易な例から出発して，基本的な概念を説明し，さらなる発展的内容につながるように工夫している．さらに，様々な経済学的応用や社会科学的応用も含めている．その際，数学的な証明も，あまり難しくならない範囲でできる限り触れるようにした．数学的厳密性を尊重しているが，数学を十分に学んでいない方や理系でない学部生にとって論理を追うのが難しいような証明や議論は省いた．このように，厳密な数学を十分には学んできていない方にも配慮した内容になっている．

　一方，数学について十分に知識のある方や理学部や工学部でゲーム理論を学ぼうという学生には，常に証明の詳細な記述がなされているわけではないので，それを不十分に感じる点があるかもしれない．しかしながら，そのような方のためには発展的な他の書籍や元論文を紹介することによって対応している．このため，学部でゲーム理論を一通り学び，大学院初級でより専門的に学ぼうとする方にも基礎的なテキストになることを想定している．

　数学と同時に，経済学についてもある程度の前提知識が必要である．しかし

ながら，そのような初学者や数学・経済学の前提知識が十分でない方でも，丁寧に読めば理解できるよう，本書は工夫されている．すなわち，1つ1つの数学的事項を遡って学習できるよう，そのための学習の手引きを巻頭付録として付け加えている．その意味で，本書を読むための前提書が必須なわけではない．

　もう一つの特長として強調しておきたいのは，本書のオリジナリティである．現在，数多くのゲーム理論のテキスト，解説書が出版されているが，本書で言及する例にせよ証明にせよ，他の日本語の書籍では触れられていないようなオリジナルなものを紹介することを心がけた．

　本書は新世社の著者自身による書籍『演習ゲーム理論』[9] と対をなす．同書も早稲田大学における著者の講義とそこにおける演習問題を基に執筆している．しかしながら，そちらでは演習問題の解説を中心にしているので，理論や例の紹介は限定的であり，その演習書に対応する理論的解説書の必要性を当初から感じていた．ここに至り，ゲーム理論の満足のいく講義体系を提供できたことは大変喜ばしいことと思っている．

　ゲーム理論を確実に修得し，自分のものとして応用分析に用いるためには，演習問題を数多く解くことが必要である．逆に言えば，本書でゲーム理論を確実に修得するために先に挙げた『演習ゲーム理論』を是非，活用してほしい．現在でも，このような演習書は少なく，同書と本書は正に整合的に補完しあうものである．このような点も本書のユニークな特長の一つであり，他書とは一線を画すものである．

　先に述べたように，本書の企画は，『演習ゲーム理論』の出版時に遡る．本書は『演習ゲーム理論』と対になるテキストとして，当初から企画された．同時に，サイエンス社の雑誌「数理科学」における連載として「ゲーム理論講義」が企画された．その連載時期は，ちょうど著者が在外研究としてオランダに滞在していた期間と一致する．オランダにおけるすばらしい研究環境の中，自己の研究に加えて，連載の執筆を続けることができたのは大変にありがたいことであった．本書はその連載を基に，『演習ゲーム理論』と整合的になるように調整し，さらに第17章を増補して完成した．その際，連載中および連載後に多く

はじめに

のコメントをくださった私の研究室の大学院生や学部ゼミの学生の皆さんに感謝したい．そして私の講義を受講し，その感想や様々なコメントを寄せてくださった受講者の皆さんにも御礼を述べたい．また，完成稿を丁寧に読み，様々なコメントをくださった早稲田大学助教・上條良夫氏，早稲田大学助手・竹内あい氏，近郷匠氏，大学院生・我妻靖氏，学部生・横手康二氏にも心から感謝したい．彼らは，私のゼミの学部生，研究室の大学院生として私を常に支えてくれた．そして，その連載を完成するための重要な期間となった在外研究の機会を与えてくださった早稲田大学，およびその間に代わりの仕事を快く引き受けてくださった多くの同僚にも，心から御礼申し上げる．さらに在外研究期間中の滞在先であるオランダ VU 大学とティルブルグ大学の同僚にも，そのホスピタリティに対しこの場を借りて感謝の意を表したい．

最後に，その初めから最後まで，遅々として筆の進まない私を辛抱強く励まし，様々なわがままを聞いてくださった新世社編集部の御園生晴彦氏にもこの場を借りて感謝したい．御園生氏の絶え間ない励ましがなければ本書は完成しなかったであろう．また校正段階で細かいコメントや修正意見を丁寧に寄せてくださった出井舞夢氏にも感謝の意を表したい．

2012 年 1 月

船木　由喜彦

目　次

はじめに …………………………………………………………… i
巻頭付録：ゲーム理論初学者への手引き ………………………… x
本書で用いる数学的記号・用語 …………………………………… xii

0　序　章　　1

1　戦略形ゲームと戦略の支配　　5

1.1　戦略形ゲームの表現 …………………………………… 6
1.2　支配戦略と支配戦略均衡 ……………………………… 9
1.3　パレート最適性と囚人のジレンマ …………………… 13

2　逐次消去均衡　　17

2.1　逐次消去均衡 …………………………………………… 18
2.2　戦略の逐次消去とそのプロセス ……………………… 19
2.3　戦略の逐次消去と共有知識の仮定 …………………… 23
2.4　美人投票ゲームと複占市場ゲーム …………………… 25

3　ナッシュ均衡　　31

3.1　ナッシュ均衡の定義 …………………………………… 32
3.2　ゲームのナッシュ均衡 ………………………………… 34
3.3　ナッシュ均衡と戦略の逐次消去 ……………………… 38

4 2人ゼロ和ゲーム　41

- 4.1 2人ゼロ和ゲームの定義 …………………………… 42
- 4.2 2人ゼロ和ゲームの鞍点 …………………………… 43
- 4.3 鞍点の交換可能性 ………………………………… 46
- 4.4 マックスミニ戦略 ………………………………… 47

5 混合戦略の導入と均衡点の存在　55

- 5.1 混合戦略の定義 …………………………………… 56
- 5.2 ナッシュ均衡の存在 ……………………………… 60
- 5.3 2人ゲームにおけるナッシュ均衡の求め方 ……… 63

6 展開形ゲーム　67

- 6.1 選択が逐次的なゲーム …………………………… 68
- 6.2 展開形ゲームの表現 ……………………………… 70
- 6.3 展開形ゲームにおける戦略 ……………………… 72
- 6.4 サブゲーム完全均衡 ……………………………… 75
- 6.5 戦略形ゲームへの変換 …………………………… 78

7 偶然手番のある展開形ゲームと完全ベイジアン均衡　81

- 7.1 偶然手番のあるゲーム …………………………… 82
- 7.2 完全ベイジアン均衡 ……………………………… 84
- 7.3 脅し戦略とサブゲーム完全均衡，完全ベイジアン均衡
  ——経済学的応用例 ……………………………… 88

8 繰り返しゲーム　93

- 8.1 繰り返し囚人のジレンマ … 94
- 8.2 有限繰り返しゲームの定義 … 95
- 8.3 無限繰り返しゲームの定義 … 98
- 8.4 囚人のジレンマの解決 … 100

9 提携形ゲーム　105

- 9.1 提携形ゲームの定義 … 106
- 9.2 特性関数の性質 … 112
- 9.3 プレイヤーの利得の変換——戦略的同等性 … 114
- 9.4 費用ゲームと費用節約ゲーム … 115

10 提携形ゲームのコア　117

- 10.1 利得ベクトルと配分 … 118
- 10.2 ゲームの解と配分の支配 … 120
- 10.3 コアの性質 … 122

11 コアの存在条件といろいろなゲームのコア　129

- 11.1 対称ゲームとそのコア … 130
- 11.2 コアの存在する必要十分条件 … 132
- 11.3 凸ゲームとそのコア … 136

12 安定集合　141

- 12.1 安定集合の定義 … 142
- 12.2 3人拒否権ゲームの安定集合 … 144
- 12.3 3人多数決ゲームの安定集合 … 147

12.4 凸ゲームの安定集合 ……………………………………………… 152

13 仁と破産問題　155

13.1 仁の定義 ……………………………………………………… 156
13.2 最小コア，ε コアとの関係 …………………………………… 158
13.3 破産ゲームの仁 ……………………………………………… 161

14 交渉集合とカーネル　167

14.1 交渉集合 ……………………………………………………… 168
14.2 カーネルと準カーネル ……………………………………… 170
14.3 カーネルの整合性 …………………………………………… 173
14.4 破産ゲームのカーネルと仁 ………………………………… 175

15 シャープレイ値　179

15.1 シャープレイ値の定義 ……………………………………… 180
15.2 存在証明といくつかの重要な性質 ………………………… 182
15.3 シャープレイ値の計算 ……………………………………… 184
15.4 費用分担問題のシャープレイ値 …………………………… 186

16 シャープレイ値の投票問題への応用　191

16.1 投票ゲーム …………………………………………………… 192
16.2 シャープレイ＝シュービック投票力指数 ………………… 193
16.3 重み付き多数決ゲーム ……………………………………… 195
16.4 国連安全保障理事会における理事国の投票力指数 ……… 198

17 ナッシュの交渉問題　201

17.1 交渉問題の定式化 …………………………………… 202

17.2 交渉解とナッシュ解 …………………………………… 203

17.3 ナッシュ解の4つの公理 ……………………………… 205

参 考 文 献 ……………………………………………………… 213
索　　引 ………………………………………………………… 215

● 巻頭付録 ●
ゲーム理論初学者への手引き

「はじめに」で述べたように，本書でゲーム理論を学ぼうとするためにはいくつかの前提となる知識が必要である．その一つは数学であり，もう一つは経済学である．そのような知識が必ずしも十分でない方のために，学習のための手引きを記しておこう．

(1) 数学について

数学というと，それを学習すること自体にアレルギーのある方も少なくないであろう．しかしながら，大学の理工系の学部に入ると解析学，線形代数を学ぶのは普通のことであるし，経済学部に入ると，多くの場合，経済数学を学ぶ．ゲーム理論を勉強するためにはこれらの知識が必須であると考える方も多いかもしれないが，実はゲーム理論を学習するために必須な数学は，それほど多くはない．

もちろん，これらの「大学の数学」について多くを知識として保有していたほうがよいが，ゲーム理論の学習のためということに限れば，上記の数学や経済数学のコースを一通り勉強することはあまり効率的ではない．コンパクトに必要なことだけ学ぶのであれば，高等学校の数学の復習をお薦めする．高等学校の数学は入学したすべての皆さんが学習する科目であり，その教科書は身近な参考書となり得る．これらをきっちりと復習することはゲーム理論の学習に非常に役に立つ．その中でも，2011年度現在の教育課程において重要なのは，数学Ⅰの方程式と不等式，二次関数，数学Ⅱの式と証明，高次方程式，図形と方程式，微分の考え方，数学Aの集合と論理，場合の数と確率，数学Bのベクトルである．もし余裕があれば，数学Ⅲの関数と極限，微分法，数学Cの行列と応用，確率分布も役に立つので勉強しておくとよい．このことから，ゲーム理論に必要な数学がどのような内容であるかおよそ見えてくるかもしれない．

三角関数，図形，積分，統計などはほとんど利用しない．

　ゲーム理論の学習については，多くの良いテキストがある．それを具体的に挙げて推薦することは控えるが，自分の高校時代に使用した教科書と参考書の復習が大いに役立つであろう．

　本書で使用する数学的記号については，再度確認しておくことが必要なので，次頁に載せた．

(2) 経済学について

　ゲーム理論の修得において，経済学の知識を前提としているわけではない．「はじめに」でも触れたが，ゲーム理論は多くの分野で応用されている．しかしながら，ゲーム理論の応用として最も成功した分野は経済学である．今では，経済の理論分析にはゲーム理論は必須の分析手法になりつつある．ゲーム理論は元々人間行動の分析であるから，理論の現実問題への応用は重要であり，その意味で経済学の知識はゲーム理論の学習を助ける．しかしながら経済学の知識が，ゲーム理論を学ぶ上で必須というわけではない．

　経済学の知識の中で一番必要とされるのは，ミクロ経済学の基礎的知識である．マクロ経済学はあまり必要とされない．特に，企業行動の分析にはゲーム理論の役割が大きい．ミクロ経済学のテキストも数多いが，ゲーム理論とミクロ経済学の橋渡しのテキストとして梶井厚志・松井彰彦著『ミクロ経済学―戦略的アプローチ』(日本評論社，2000 年)を挙げておく．

本書で用いる数学的記号・用語

記号・用語	説明
N	プレイヤーの集合
$\mathbb{N}$	自然数の集合
$\mathbb{R}$	実数の全体
$\mathbb{R}^n$	n 次元ユークリッド空間
$\mathbb{R}^n_+$	n 次元ユークリッド空間の非負象限
$x=(x_1,\cdots,x_n)$	n 次元ベクトル
$x_S=(x_i)_{i\in S}$	x から S の要素に対応する $|s|$ 個を抜き出して作成したベクトル
$s=(s_1,s_2,\cdots,s_n)$	戦略の組
$\pi=f(s),\ f:S\to \Pi$	集合 $S(s\in S)$ から集合 $\Pi(\pi\in \Pi)$ への関数
関数 $f:X\to Y$ が単射	$x,x'\in X$ かつ $x\neq x'$ のとき $f(x)\neq f(x')$
関数 $f:X\to Y$ が全射	任意の $y\in Y$ に対し $f(x)=y$ なる $x\in X$ が存在する
$\forall x$	すべての x に対して
$s\in S$	s が集合 S の要素である
$s\notin S$	s が集合 S の要素でない
$\sum_{k=1}^{n} x_k$	$x_1+x_2+\cdots+x_n$ (n 個の x_k の和)
$|S|$	集合 S の要素の個数
$\sum_{k\in S}$	集合 S に属するすべての k についての和
$\sum_{S:S\ni k}$	条件 $S\ni k$ を満たすすべての集合 S についての和
$\prod_{i\in N}$	集合 N に属するすべての i についての積
$A\subseteq B$	集合 A は集合 B の部分集合
$A\subset B$	集合 A は集合 B の真部分集合($A\subseteq B$ かつ $A\neq B$)

記号・用語	説明
$A \cap B$	集合 A と集合 B の共通部分
$A \cup B$	集合 A と集合 B の和集合
$\bigcap_{k \in S} A_k$	条件 $k \in S$ を満たすすべての A_k の共通部分
$\bigcup_{k \in S} A_k$	条件 $k \in S$ を満たすすべての A_k の和集合
$A \setminus B$	集合 A と集合 B の差集合 ($x \in A$ かつ $x \notin B$ なる x の集合)
$\emptyset$	空集合
$\{x \mid x \text{ に関する条件}\}$	x に関する条件を満たす x の集合
$\max_{x \in S} f(x), \min_{x \in S} f(x)$	集合 S に属する x を操作して $f(x)$ を最大化(最小化)した値
$\max\{x \mid x \text{ に関する条件}\},$ $\min\{x \mid x \text{ に関する条件}\}$	x に関する条件を満たす x の中で最大(最小)なもの
$\Longleftrightarrow$	左側の条件と右側の条件が必要十分条件である(2つの条件は同値)
$\Rightarrow$	左側の条件が右側の条件を導く
$n! = 1 \cdot 2 \cdot \cdots \cdot n$	n の階乗, n 個のものを並べたときの並べ方(順列)の総数
$\binom{n}{s} = \dfrac{n!}{s!(n-s)!}$	n 個のものから s 個とる選び方(組合せ)の総数
$\dfrac{\partial y}{\partial x}$	y の x に関する偏微分
2^N	N の部分集合の全体の族
$x \approx y$	y は x の近似値
X が凸集合	$x, y \in X$ のとき,すべての α $(0 \leq \alpha \leq 1)$ に対し, $\alpha x + (1-\alpha) y \in X$
凸多面体	有限個の閉半空間の共通部分. 3次元の場合,複数以上の平面に囲まれた立体で二面の間の角度が 180 未満のものとなる

序　章

　ゲーム理論は経済学，政治学，社会学など社会科学における人間の行動を厳密に数学を用いて分析することを目標とした学問である．その範囲は上記の分野に限らず，経営学，会計学，工学，情報科学など多岐にわたる．この理論の出発点はフォン・ノイマン(J. von Neumann)とモルゲンシュテルン(O. Morgenstern)の大著『ゲームの理論と経済行動』[33]である．その後，ゲーム理論は多くの分野に拡大し，その古典的内容の共通知識が失われつつあった．しかしながら，近年，その見直しの機運が高まり，2007年に新たな解説を加えた新しい版がCommemorative Editionとして出版された．これは2005年に，11年ぶりにゲーム理論の研究者がノーベル経済学賞を受賞したことにも関係している．

　その受賞者の中でも，オーマン(R. J. Aumann)は，ゲーム理論の創生期からの発展に尽くした人で，現在も活躍中の理論研究者である．1994年にノーベル経済学賞を受賞したゼルテン(R. Selten)，ハルサニ(J. C. Harsanyi)，ナッシュ(J. F. Nash)は，主として非協力ゲーム理論の業績が多かったのであるが，オーマンは非協力ゲームだけでなく協力ゲームにおける貢献も多い．彼の研究では，連続体濃度のプレイヤーのゲーム，共有知識の議論，相関均衡の定義，多くの協力ゲームの解の提案と分析，NTUゲームの研究，提携構造の研究など数多くの成果を残しているが，その特徴的なことは，非協力ゲームと協力ゲームを結ぶ研究が多いことである．ちなみに，国際ゲーム理論学会は2000年に創設されたが，そこで協力ゲームの安定集合(第12章)と非協力ゲームの展開形ゲーム(第6章)のシンボルを合わせた学会のロゴマークを提案したのもオーマンである．

　このように，ゲーム理論はその創成期にフォン・ノイマンとモルゲンシュテ

ルンが協力ゲームの理論を含めてゲーム理論を構築して以来，再度，協力ゲームにも目が向けられるようになってきた．

それでは，非協力ゲームと協力ゲームの違いとは何であろうか．非協力ゲームはゲームに登場するプレイヤーの合理的意思決定による帰結を研究する理論であり，そのためには，相互依存関係のある状況を数理モデルとして定式化し，そこにおける個々人の合理的な意思決定について分析を行う．一方，協力ゲームは合理的な個々人がどのような状況で協力関係を形成し，その協力の結果生じた成果を分配するかを分析する．同じ問題を分析する場合も，用いる理論の違いは前提条件の違いを反映し，その結果の解釈もまた異なるものになる．両方の理論の修得が，現在の複雑な経済現象や社会現象を分析する上で，大いに役立つであろう．

本書の前半(第1章〜第7章)では非協力ゲームの代表概念である戦略形ゲームの定式化から始め，純戦略の定義，ナッシュ均衡，混合戦略の定義，2人ゼロ和ゲームにおけるマックスミニ定理，展開形ゲーム，完全ベイジアン均衡をこの順で紹介している．また，後半(第8章〜第17章)では協力ゲームについて，特性関数形ゲームの定式化から始め，解の概念であるコア，安定集合，仁，カーネル，交渉集合，シャープレイ値，そしてナッシュの交渉問題の解説を行っている．

非協力ゲームを協力ゲームの前に説明する順序はフォン・ノイマンとモルゲンシュテルン以来の伝統的な説明と同じであるが，その中での各章の順番は伝統的な順序と必ずしも同じわけではない．それよりも拙著『演習ゲーム理論』[9]の順番と整合的になるように気を配った．しかし，各章の内容のボリュームの関係で章の番号は対応させていない．

なお，定式化が複雑な展開形ゲームでは，偶然手番のないケースを偶然手番のあるケースと分けて説明することにより，わかりやすくなるよう工夫されている．また，『演習ゲーム理論』の第7章で触れられているマッチング理論は最近，いくつかの日本語の良書が出ているし，『演習ゲーム理論』の中でも紙数をさいて説明しているので，本書では扱わなかった．

本書の内容を超えてゲーム理論の発展的内容を研究したい場合，非協力ゲームについては良書として定評のある岡田章著『ゲーム理論[新版]』(有斐閣, 2011 年 [22])や，最近出版されたクレーヴァ香子著『非協力ゲーム理論』(知泉書館, 2011 年 [11])をお薦めしたい．本書で触れられなかった多くの非協力ゲームの発展的内容(均衡点の精緻化，進化ゲーム理論など)が含まれている．一方, 協力ゲームに関しては中山・船木・武藤著『協力ゲーム理論』(勁草書房, 2008 年 [18])を薦める．こちらには本書で触れられなかった協力ゲームの発展的内容(NTUゲーム理論，解の整合性理論，戦略的協力ゲーム理論など)が含まれている．一方，ゲーム理論の全くの初学者や，数学や経済学の前提知識が必ずしも十分でない方には，ゲーム理論の入門書を別途読んでおくことは，本書の理解を助けるであろう．そのための書籍としては武藤滋夫著『ゲーム理論入門』(日本経済新聞社, 2001 年 [16])と岡田章著『ゲーム理論・入門』(有斐閣, 2008 年 [21])を挙げておく．

最後に，本書でゲーム理論を学ぶ上での目的に合わせた学び方を紹介する．ともかく経済学で利用する最低限の知識を修得したい方は，第 1, 2, 3, 5, 6 章を勉強するとよい．余裕があれば第 7, 8, 17 章も学ぶことをお薦めする．協力ゲームの基本を一通り学びたいのであれば，第 9, 10, 12, 13, 14, 15 章も勉強するとよい．

しかしながら，協力ゲームと非協力ゲームをバランス良く，すべて勉強することが理解を深め，興味をもって学ぶためにも重要である．

戦略形ゲームと戦略の支配

　本章では，非協力ゲームの第一歩として，多くのテキストや応用分野で最もよく使われている表現形式である戦略形ゲームを紹介する．戦略形ゲームにおいては第3章で扱うナッシュ均衡が最も有名な解であるが，ナッシュ均衡よりも解釈が容易で基本的である支配戦略の組（支配戦略均衡）をはじめに解説する．支配戦略は，相手の思考方法や合理性を前提にせずとも，それをとることが合理的と考えられる戦略である．

　さらに，本章では戦略の組のパレート最適性を紹介する．支配戦略均衡とパレート最適性の乖離により，人々の選択行動にジレンマが生ずることを示すのが「囚人のジレンマ」である．

> **講義のポイント**
> ●戦略形ゲーム　●双行列ゲーム　●非協力ゲームの例　●戦略の強支配　●戦略の弱支配　●行動基準との関係　●パレート最適　●囚人のジレンマ

1.1 戦略形ゲームの表現

● 戦略形ゲーム

ゲームを表現する場合，最もシンプルかつ，多くの社会科学への応用がなされている方法は，戦略形ゲームである．戦略形ゲームは，プレイヤー集合，各プレイヤーのとることのできる戦略の集合，利得関数の記述によってゲームを表現する．なお，戦略形ゲームを標準形ゲームと呼ぶ場合もある．

> ● 定義：戦略形ゲーム
>
> 戦略形 n 人ゲームの要素は $\langle N, \{S_i\}_{i \in N}, \{f_i\}_{i \in N} \rangle$ で表される．ここで $N = \{1, 2, 3, \cdots, n\}$ はプレイヤー集合，S_i は戦略の集合，f_i は利得関数の集合である．

上の定義の要素を 1 つ 1 つ確認していこう．まず，プレイヤー集合 $N = \{1, 2, 3, \cdots, n\}$ はゲームにおいて行動を決定する主体の集合である．行動を決定をする主体は，たとえ一人の人間でなくとも，プレイヤーと呼ばれる．国家，地方自治体，政党などもプレイヤーになり得る．プレイヤーのとり得る行動の計画が戦略である．S_i はプレイヤー i の戦略の集合であり，戦略の数が m_i であれば $S_i = \{戦略 1, 戦略 2, \cdots, 戦略 m_i\}$ のように表される．

ここで，行動と戦略を区別しておこう．行動とはある一つの状況における選ばれ得る選択肢のことで，例えば，道の分岐点で「右に行く」か「左に行く」かというのは典型的な行動である．

一方，「相手が右に行くならば私は左に行く」のように「相手がこのように行動したらこうする」といった，より複雑な行動の計画が戦略である．この場合，戦略は条件付きの行動の組である．ただし，「右に行く」というような単純な行動も戦略と呼ぶ．なお，ここで述べた戦略は後で述べる混合戦略と区別するために純戦略あるいは純粋戦略と呼ばれることがある．

1.1 戦略形ゲームの表現

各プレイヤーがそれぞれの戦略を決定すると，それに応じて各人の得る利益が定まる．ゲーム理論ではこの利益のことを利得と呼んでいる．これは経済学では一般に選好あるいは効用と呼ばれるものに対応し，そのプレイヤーの様々な状況に対する好みを表現している．

各プレイヤーのとる戦略と利得の関係を表す関数が利得関数である．自分の利得は，自分のとる戦略だけでなく他人のとる戦略にも依存していることに注意が必要である．プレイヤー i の利得を π_i で表すとき，利得関数は $\pi_i = f_i(s_1, s_2, \cdots, s_n)$ $(i=1,2,\cdots,n)$ のように表される．ここで，$s_1 \in S_1, s_2 \in S_2, \cdots, s_n \in S_n$ であり，関数 f_i の定義域は $S_1 \times S_2 \times \cdots \times S_n$，値域は実数の集合 $\mathbb{R}$ である．

● 双行列ゲーム

プレイヤーの数が 2 のとき，この戦略形ゲームの利得関数は，2 つの要素を持つ利得ベクトルをセルとする行列として表現される．それが双行列ゲームである．

> ●定義：双行列ゲーム
> $|N|=2$ の戦略形ゲームを双行列ゲームと呼ぶ．

双行列ゲームは次の表 1.1 のように表される．ここで，a_{ij} はプレイヤー 1 が戦略 i をとり，プレイヤー 2 が戦略 j をとったときのプレイヤー 1 の得る利得

表 1.1 2 人双行列ゲーム

1 \ 2	戦略 1	戦略 2	$\cdots$	戦略 l
戦略 1	a_{11}, b_{11}	a_{12}, b_{12}	$\cdots$	a_{1l}, b_{1l}
戦略 2	a_{21}, b_{21}	a_{22}, b_{22}	$\cdots$	a_{2l}, b_{2l}
$\vdots$	$\vdots$	$\vdots$	$\ddots$	$\vdots$
戦略 m	a_{m1}, b_{m1}	a_{m2}, b_{m2}	$\cdots$	a_{ml}, b_{ml}

を表しており，b_{ij} はそのときのプレイヤー 2 の得る利得を表している．また，1 の戦略の数は m，2 の戦略の数は l である．

これを 2 つの $m \times l$ 行列 $A = (a_{ij})_{1 \leq i \leq m, 1 \leq j \leq l}$，$B = (b_{ij})_{1 \leq i \leq m, 1 \leq j \leq l}$ を用いて，$(A, B) = (a_{ij}, b_{ij})_{1 \leq i \leq m, 1 \leq j \leq l}$ と表すことにする．一般にプレイヤー 1 は行の戦略を選択し，プレイヤー 2 は列の戦略を選択する．

● 非協力ゲームの例

それでは，例を用いて，非協力ゲームを表現してみよう．

2 人の同じ商品を売る商店主が近くにおり，両者は相手を意識しながら，売り上げを伸ばそうとしている．両者ともその商品の仕入れ原価は 100 円であり，価格の設定は 110 円，150 円，200 円，300 円の 4 通りが可能であるとする．価格を下げれば売り上げは伸びるが，1 個あたりの利益(販売価格−原価)は下がってしまう．ここでは，110 円の価格設定では両商店の合計で 1800 個の売り上げが見込まれ，150 円の設定では 320 個，200 円，300 円の設定ではそれぞれ 140 個，40 個の売り上げが見込まれているものとする．また，消費者は十分に価格の情報を知ることができ，それを知って行動するので，すべての人が安いほうの商店で商品を購入するとする．ただし，もし，両商店が同じ価格を付けた場合は，見込まれる売り上げを両者が折半するものとする．このとき，すべての価格設定に対し 2 人の得る利得が計算される．

この状況を 2 人ゲームとして表現すると，プレイヤー集合は $N = \{1, 2\}$，2 人の戦略の集合は $S_1 = S_2 = \{110\text{円}, 150\text{円}, 200\text{円}, 300\text{円}\}$ となる．利得関数は双行列ゲーム(表1.2)で表される．ただし，利得の単位は千円であるとする．

この例において，例えば商店 2(プレイヤー 2)が 150 円の価格付けをしているとき，商店 1(プレイヤー 1)が 110 円の価格付けをするとすべての客が商店 1 からその商品を購入し，利得は 10 円 × 1800 個 = 18 千円，商店 2 の利得はゼロになることがわかる．商店 1 が 150 円の価格を付けると双方で売り上げを折半するので，それぞれの利得は 50 円 × 160 個 = 8 千円 となる．200 円，300 円の価格付けをするとすべての顧客を相手に取られてしまうので商店 1 の利得

表 1.2　2 人の商店主のゲーム（単位：千円）

1 \ 2	110 円	150 円	200 円	300 円
110 円	9,9	18,0	18,0	18,0
150 円	0,18	8,8	16,0	16,0
200 円	0,18	0,16	7,7	14,0
300 円	0,18	0,16	0,14	4,4

はゼロである．一方，商店 2 の利得は，200 円，300 円のいずれのケースも，50 円 × 320 個 = 16 千円 となる．この利得行列の他のセルもこのような計算で得られることを読者自ら確かめていただきたい．

この利得行列では，プレイヤー 1 の立場と 2 の立場を入れ替えても全く同一の利得行列が生ずる．このようなゲームを対称ゲームと呼ぶ．双行列ゲーム (A,B) において，A, B が正方行列で $A = B^t$ であるとき，対称ゲームとなることに注意してほしい（ここで，B^t は B の転置行列を表している）．

それでは，このような 2 人の商店主の間のゲーム的な状況でプレイヤーが戦略を同時に決定するとき，合理的なプレイヤーはどのような戦略をとるべきであろうか．以下では，それを考察していこう．

1.2　支配戦略と支配戦略均衡

● 戦略の強支配

2 つの戦略の間を比較する基本的関係の一つに，戦略の間の支配関係がある．

ここで，他のすべてのプレイヤーの戦略が定まっている状況を考えよう．このとき，自分の持つ 2 つの戦略 a, b を比較する．もし，単純に比較して戦略 a の与える利得が戦略 b の与える利得よりも大きいとき，戦略 b よりも戦略 a をとったほうがよい．しかしながら，他のプレイヤーのとる戦略は様々に変わり得るので，比較は一般に容易でない．ただし，他のプレイヤーのとるどのよう

な戦略の組に対しても戦略 a の与える利得が戦略 b の与える利得より大きいとき，比較が可能となり，戦略 a をとったほうが確実によい．このとき，戦略 a は戦略 b を強支配すると言う．言い方を換えると，戦略 b をとるほうが有利な状況は絶対に起こらない．このような意味で，強支配される戦略はとるべきでない．

これを数式で表すと次のようになる．

> ● 定義：戦略の強支配
>
> $\bar{s}_i \in S_i$ が $s_i \in S_i$ を強支配する $\iff$ すべての $t_{-i} \in S_{-i}$ に対して $f_i(\bar{s}_i, t_{-i}) > f_i(s_i, t_{-i})$．

n 人戦略形ゲームにおける戦略の組 $s = (s_1, s_2, \cdots, s_n) \in S_1 \times S_2 \times \cdots \times S_n$ において，プレイヤー i だけが戦略を s_i から $s'_i \in S_i$ に変更したときの戦略の組を (s'_i, s_{-i}) と表現する．ここで，$s_{-i} \in S_{-i} = S_1 \times S_2 \times \cdots \times S_{i-1} \times S_{i+1} \times \cdots \times S_n$ とする．さらに，$s = (s_i, s_{-i})$ と表す．

戦略 a が他のすべての戦略を強支配するとき，強支配戦略と呼ぶ．このとき，戦略 a をとるほうが他の戦略をとるよりも常に確実によい．

● 戦略の弱支配

それでは，この定義の条件を少し弱めてみよう．

他のプレイヤーの戦略の組を固定してプレイヤー k の2つの戦略 s_k と t_k を比較し，ある戦略の組に対しては戦略 s_k の与える利得が t_k の与える利得よりも大きいが，それ以外の戦略の組に対しては等しいか大きい利得を与えることを考える．これを，単に戦略 s_k は t_k を支配する，あるいは弱支配すると言う．

これを数式で記述しよう．

> ● **定義：戦略の(弱)支配**
> $\hat{s}_i \in S_i$ が $s_i \in S_i$ を(弱)支配する $\iff$ すべての $t_{-i} \in S_{-i}$ に対して，$f_i(\hat{s}_i, t_{-i}) \geq f_i(s_i, t_{-i})$ かつ，少なくとも1つの戦略の組 $\hat{t}_{-i} \in S_{-i}$ に対し $f_i(\hat{s}_i, \hat{t}_{-i}) > f_i(s_i, \hat{t}_{-i})$.

この定義は他の人たちがどのような戦略の組をとったとしても，戦略 $\hat{s}_i$ をとることは戦略 s_i をとることより悪くなることはなく，さらに少なくとも1つの戦略の組に対しては戦略 $\hat{s}_i$ をとるほうが戦略 s_i をとるよりもよいことを示している．したがって，戦略 $\hat{s}_i$ の代わりに戦略 s_i をとる積極的な理由は何もないことを示している．

ある戦略が他のすべての戦略(すべて同じ利得を与える戦略を除く)を弱支配するとき，弱支配戦略あるいは単に支配戦略と呼ぶ．なお，強支配戦略，弱支配戦略は常に存在するとは限らないが，存在すればただ1つである．プレイヤー全員が強支配戦略をとる状況は非常に安定した均衡状態であるので，それを表す戦略の組を強支配戦略均衡と呼ぶ．同様に，全員が(弱)支配戦略をとる戦略の組を(弱)支配戦略均衡と呼ぶ．

● 行動基準との関係

これまでの議論では，戦略の間の支配関係について考察する際，相手の戦略を固定しその戦略に対し，最適な戦略を考慮した．しかしながら，プレイヤーは同時に戦略を決定しているので，相手のとる戦略をあらかじめ知っているわけではない．合理的なプレイヤーが自分のとるべき最適な戦略を考察する過程において，相手の戦略を1つ1つ固定して熟考しているプロセスであることに注意してほしい．

プレイヤーがいろいろな戦略形ゲームにおいて行動を選択する際，その行動を選択する指針(とるべき戦略を計算する方法)を行動基準と呼ぶことにする．戦略形ゲームにおいて，相手がいかなる行動基準を採用しているかは一般に不

明である．もし，自分が強支配戦略あるいは弱支配戦略をもつ場合，相手のプレイヤーが戦略の選択基準としてどのような行動基準をとっていたとしても支配戦略あるいは弱支配戦略をとることが有利なのは明らかである．なぜなら，他の行動基準に従った別の戦略をとることによって自分の利得は上昇しないからである．その意味で，支配戦略，弱支配戦略をとるという行動基準は非常に強い基準である．ただし，最近の実験経済学では，必ずしも人々は弱支配戦略をとることを行動基準としないという興味深い研究もある(Cason et al.[4] 参照)．

● 表1.2 における支配戦略

それでは，表1.2 のゲームにおける支配戦略を求めてみよう．プレイヤー 1 にとって，2 つの戦略の間の支配関係を調べると，例えば戦略 110 円は戦略 150 円を強支配している．なぜなら，相手がどのような戦略をとったとしても 110 円をとったほうが有利だからである．同様に，戦略 110 円は他の戦略を強支配しているので強支配戦略である．すなわち，プレイヤー 1 と 2 の戦略の組 (110 円, 110 円) は強支配戦略均衡である．同時に戦略 110 円は他の戦略を弱支配しているので (110円, 110円) は弱支配戦略均衡でもある．さらに，他の戦略同士の支配関係を考えると，戦略 150 円は戦略 200 円，300 円を弱支配している．また，戦略 200 円は戦略 300 円を弱支配している．

支配戦略均衡の考察から，この 2 人の商店主のゲームでは，どちらの商店主も 110 円の戦略をとることが合理的であり，両者が 9 千円ずつの利得を得ることが予想される．これは相手とコミュニケーションできず，相手の出方を予想しつつ，自分の利得を最大化した合理的な結果であるが，支配戦略であるので相手の行動基準について不明であっても，この戦略 110 円をとることが合理的である．たとえ，2 人の商店主が戦略の調整について相談することができ，何らかの約束を交わすことが可能であったとしても，実際にとる行動は 110 円が最も有利である．ただし，これは 2 人の間でゲームを 1 回だけ行うことを前提にしており，もし，その後も繰り返すのであれば他の可能性も考慮する必要がある(第 8 章参照)．

1.3 パレート最適性と囚人のジレンマ

● パレート最適

 支配戦略均衡は，合理的なプレイヤーの行動の帰結を予測する非常に強い結果であるが，その結果が人間の協力行動とのジレンマを導き出す有名なゲームがある．それを紹介しよう．そのためには各プレイヤーの得る利得の組の間で，社会的な望ましさを比較する概念であるパレート最適性を説明しよう．

 n 人戦略形ゲームにおいて，2 つの戦略の組 $s=(s_1,s_2,\cdots,s_n)$ と戦略の組 $t=(t_1,t_2,\cdots,t_n)$ を考え，プレイヤーらにとってどちらの組が好ましいかを比較するものとする．このとき，すべてのプレイヤーが s の与える利得を t の与える利得より好むとき，s は t をパレート(強)支配すると言う．ある戦略の組 s をパレート支配する戦略の組が存在しないとき，その戦略の組 s は(弱)パレート最適(パレート効率的)であると言われる．パレート支配の条件を弱め，あるプレイヤーに対して s の与える利得が t の与える利得より大きいが，それ以外のプレイヤーに対して t の与える利得と大きいか等しいとき，s は t をパレート弱支配すると言う．ある戦略の組をパレート弱支配するような戦略の組が存在しないとき，その戦略の組を，強パレート最適と言う．経済学でパレート最適と言うと，通常この強パレート最適を表す．

 これらの概念は数学的には次のように表現される．

> **● 定義：パレート最適**
>
> 戦略の組 $s=(s_1,s_2,\cdots,s_n)$ が(弱)パレート最適 $\iff$ すべての $i\in N$ に対し $f_i(t_1,t_2,\cdots,t_n)>f_i(s_1,s_2,\cdots,s_n)$ となる戦略の組 $t=(t_1,t_2,\cdots,t_n)$ が存在しない．
>
> 戦略の組 $s=(s_1,s_2,\cdots,s_n)$ が強パレート最適 $\iff$ すべての $j\in N$ に対し $f_j(t)\geq f_j(s)$ かつ，少なくとも 1 人の $i\in N$ に対し，$f_i(t)>f_i(s)$ を満たす戦略の組 $t=(t_1,t_2,\cdots,t_n)$ が存在しない．

この定義から，戦略の組が強パレート最適であればそれは弱パレート最適でもある．また，本来，パレート最適性の定義は利得の組の比較により定義されているので，同じ利得を与える戦略の組はパレート最適性について同一の性質を持つ．なお，パレート最適性は個人の合理的な決定の帰結を示しているわけではないので，個人の行動の指針とはならないことに注意が必要である．

● 表 1.2 におけるパレート支配

1.1 節の表 1.2 の 2 人戦略形ゲームの例では，戦略の組 (110 円, 110 円) は強パレート最適であり，戦略の組 (150 円, 150 円), (200 円, 200 円), (300 円, 300 円) をパレート強支配している．さらに，戦略の組 (150 円, 110 円), (200 円, 110 円), (300 円, 110 円) はいずれも同じ利得の組 (0,18) を導き，強パレート最適である．また，これらの戦略の組は戦略の組 (200 円, 150 円), (300 円, 150 円) をパレート弱支配している．ここで，両方の戦略の組ともに利得 (0,16) を導くことに注意してほしい．さらに，以上 5 つのすべての戦略の組は戦略の組 (300 円, 200 円) をパレート弱支配している．

このような考察から，戦略の組 (200 円, 150 円), (300 円, 150 円), (200 円, 300 円) はいずれも弱パレート最適であることがわかる．ここで，2 人の利得の差が最も大きい利得の組 (0,18) に対応する戦略の組も強パレート最適であることに注意してほしい．すなわち，非常に不公平な利得の分配を与える組もパレート最適性を備えている．しかしながら，もし，2 人が相談し，その結果，戦略をとることができるとすると，2 人にとってパレート最適でない組で合意するとは考えにくい．なぜなら，その組に合意するのであれば，それよりも 2 人とも良い利得の組（あるいは少なくとも 1 人は良く，他の 1 人は変わらない利得の組）が存在するので，そちらに合意すべきだと考えられるからである．したがって，当初の利得の組は拒否されると考えられる．このゲームにおいてプレイヤー 1, 2 は対称なので，2 人の戦略を取り替えた組についても全く同様の議論が成り立つことに注意をしておく．以上の議論は一般の n 人ゲームにも拡張することができる．

● 囚人のジレンマ

以上の考え方を基に，囚人のジレンマと呼ばれる興味深いゲームを紹介しよう．

2人のプレイヤー1,2は共謀して犯罪をおかした容疑者であるとする．彼らはそれぞれ，別室に入れられ，2つの戦略の1つを選ぶ選択を迫られている．それは「自白(共犯証言)」することか「黙秘」することであり，その利得は表1.3の利得行列で表されている．これも2人対称ゲームである．

表1.3 囚人のジレンマ

1＼2	黙秘	自白
黙秘	$-1,-1$	$-5,\ 0$
自白	$0,-5$	$-4,-4$

この利得行列は次のように説明される．2人とも黙秘(戦略の組 (黙秘, 黙秘))の場合は2人は共犯として追及されている大きな罪ではなく，軽い罪で起訴され，双方1年の刑が見込まれる．2人とも自白(戦略の組 (自白, 自白))すると，2人とも重い罪で起訴され4年の刑が見込まれる．片方が自白で他方が黙秘(戦略の組 (黙秘, 自白) または (自白, 黙秘))すると，自白したほうは無罪となり黙秘したほうは最も重い罪である5年の刑に処されるとしよう．

このときの2人の利得の構造は巧妙であり，2人にとって「自白」は強支配戦略になっている．すなわち，(自白, 自白) は強支配戦略均衡である．一方，戦略の組 (黙秘, 黙秘) は (自白, 自白) を強パレート支配する強パレート最適な戦略の組である．すなわち，個人にとって合理的な戦略の組 (自白, 自白) が2人にとって望ましい結果を導くことができない．これが囚人のジレンマと呼ばれる由縁である．重要なのは，たとえ囚人たちがコミュニケーションが十分可能で，互いに良好な関係であり (黙秘, 黙秘) をとることを約束していたとしても，別室で意思決定をする際には，裏切って自白したほうが得であるという点である．したがって，黙秘の約束を反故にすることのペナルティが大きくない限り，そのような約束(協力関係)は履行されない．したがって，このジレンマの生ずる

原因は，支配戦略均衡とパレート最適性の乖離にあると言うことができる．

囚人たちの意思決定として囚人のジレンマを取り上げたが，囚人のジレンマは環境汚染の問題や国家間の軍備拡張競争の問題，公共財供給の問題，ここで紹介した値下げ競争の問題と同じ構造を持ち，なかなか環境を浄化できないことや軍備拡張競争を止めることができない状況に対応している．このように，2×2 の双行列で表される単純な行列ゲームによって現代社会で注目される問題の核心の構造が表現できることは大変興味深い．

本章の内容は多くのゲーム理論のテキストで紹介されている．そのような参考文献の代表的なものとして Dutta [7]，船木 [9]，Gibbons [10] を挙げておく．

逐次消去均衡 2

　本章では，前章で紹介した支配戦略の概念を基に，支配される戦略を逐次的に消去するプロセスを考察する．そして，このプロセスにおいて残される戦略の組を求める方法とその性質を議論する．

　逐次消去の過程では相手の手を読むことが必要になり，相手の合理性に対する考慮と「共有知識」に関する仮定が必要である．さらに，それは非協力ゲーム理論で最も有名な解であるナッシュ均衡の概念への序章となる．

　なお，ナッシュ均衡をもたらす戦略は強支配される戦略の逐次的な消去により，消去されることがないので，ここで紹介する方法によってナッシュ均衡の一つを求めることができる場合も多い．

> **講義のポイント**
> ●戦略の逐次消去　●逐次消去均衡　●強支配による逐次消去プロセス　●弱支配による逐次消去プロセス　●プレイヤーの推論　●共有知識の仮定　●美人投票ゲーム　●複占市場ゲーム

2.1 逐次消去均衡

● 戦略の逐次消去

前章では，戦略形ゲームの解として戦略の間の支配関係を解説した．しかし，この議論を前提とすると，自分がそのような行動原理に従って戦略を選択するのであれば，当然，相手もそのような行動をすると考えてもよさそうである．また，ゲーム理論の特徴は相手も自分と同様に合理的であるということであるから，そのように，相手も合理的な行動をとっていると仮定し，それを用いてより洗練された戦略をとることを想定することが適切に見える．このようなプロセスを戦略の逐次消去と呼ぶ．より厳密にこれを記述すると以下のようになる．

すべてのプレイヤーは自分の戦略の中から支配（または強支配）される戦略を削除する．これは前章でも述べたように，彼らにとって，そのような戦略をとることが他の戦略をとることよりも利益になることはないからである．このように削除された戦略を取り除くことによって，縮小された戦略形ゲームができる．さらに，このゲームにおいて，もう一度，全員にとって支配（または強支配）される戦略を削除する．このようなプロセスを続け，その結果として最終的に残された戦略の組を戦略の逐次消去による結果と呼ぶ．このプロセスにおいては，一度消去された戦略は，その後考察の対象にならないと仮定されていることに注意しよう．

● 逐次消去均衡

戦略の逐次消去による結果がただ 1 つの戦略の組になる場合がある．これを逐次消去均衡と呼ぶ．当然，強支配される戦略は同時に弱支配されるので，弱支配による逐次消去により残される戦略は強支配による逐次消去でも残される．また，強支配の逐次消去では，消去の順番は関係ないが，弱支配の場合には消去の順番や一度に消去する戦略の数が関係する（次節の議論参照）．ここでは，1 回の消去プロセスにおいて，できる限り多く戦略を消去するものと仮定する．

なお，強支配による逐次消去で逐次消去均衡が得られるのであれば，弱支配による消去の順番にも関係せず，同じ結果になる．もちろん，強支配戦略均衡が存在すれば，支配される戦略は一度で削除されるので，強支配による逐次消去均衡と一致する．

2.2 戦略の逐次消去とそのプロセス

● 2 人の商店主ゲームの例

それでは，この逐次消去のプロセスを前章のような 2 人の商店主のゲームの例を用いて説明することにしよう．ただし，利得行列は表 2.1 のように修正されている．

表 2.1 2 人の商店主のゲーム・修正

1 \ 2	110 円	150 円	200 円	300 円
110 円	9, 9	9, 8	3, 7	3, 4
150 円	8, 9	8, 8	8, 7	3, 4
200 円	7, 3	7, 8	7, 7	7, 4
300 円	4, 3	4, 3	4, 7	4, 4

ここで，設定できる価格は 110 円，150 円，200 円，300 円の 4 通りで同じである．すなわち，プレイヤー集合は $N=\{1,2\}$，2 人の戦略の集合は $S_1=S_2=\{110\,円, 150\,円, 200\,円, 300\,円\}$ となる．この例では，各消費者には商店の好みがあり，110 円と 150 円のように価格差があったとしても多くの者は好みの商店で商品を購入するとする．すなわち，例えば商店 1 が 110 円，商店 2 が 150 円を付けた場合，商店 1 は消費者の半分に合計 900 個を販売し，利益が 9 千円となる（これは前章の表 1.2 の例で両者が 110 円の価格付けをしたときと同じである）．商店 2 はやはり消費者の半分に合計 160 個を販売し利益

が 8 千円となる(これも表 1.2 の例で両者が 150 円の価格付けをしたときと同じである). 同様にして利得行列の他の部分も説明することができる.

しかし, 両者の価格付けが (110 円, 200 円), (110 円, 300 円), (150 円, 300 円) およびその反対 (200 円, 110 円), (300 円, 110 円), (300 円, 150 円) のときは価格差が大きいので, 両者の利得は別の理由によって定まる. 片方が 110 円の価格を付け, 他方が 200 円, 300 円の価格を付けた場合と, 片方が 150 円の価格を付け, 他方が 300 円の価格を付けた場合は, 消費者がその大きな価格差から安いほうの商品の品質に不信感を抱き, その安い商品はあまり売れず, 利益が大きく減少し 3 千円になる. 高いほうの商品の説明は変わらない. 例えば, 商店 1 が 110 円を付け, 商店 2 が 200 円を付けているときの利益はそれぞれ 3 千円, 7 千円となっている. ここで, 高い価格を付けたほうは表 1.2 の例で両者が 200 円を付けたときの利益と同じである. 他の利得の説明も同様である.

● **強支配による逐次消去プロセス**

このゲームにおいて戦略の逐次消去をしてみよう. 初めに, このゲームが対称ゲームであることに注意する. まず, 戦略 200 円は戦略 300 円を強支配している. それ以外に支配関係はない. そこで, 両プレイヤーは強支配される戦略をとり得ないものとして除去する. その結果, 次の利得行列(表 2.2)が導かれる.

表 2.2　1 段階目の逐次消去

1 \ 2	110 円	150 円	200 円
110 円	9, 9	9, 8	3, 7
150 円	8, 9	8, 8	8, 7
200 円	7, 3	7, 8	7, 7

この縮小された双行列ゲームにおいて, 戦略 150 円は戦略 200 円を強支配している. それ以外の支配関係はない. そこで両プレイヤーは 200 円という戦略をとらないのでそれを除去する. その結果は次の双行列ゲーム(表 2.3)となる.

表 2.3　2 段階目の逐次消去

1\2	110 円	150 円
110 円	9,9	9,8
150 円	8,9	8,8

2 段階目に縮小された双行列ゲームにおいて，戦略 110 円は戦略 150 円を強支配している．その結果，両プレイヤーは戦略 150 円をとらず，結果的に残された戦略はそれぞれ 110 円のみとなり，(110 円, 110 円) が逐次消去均衡となる．

さらに，次の表 2.4 のような非対称双行列ゲームの例で逐次消去均衡を求めてみよう．$N=\{1,2\}$, $S_1=\{$戦略 a, 戦略 b, 戦略 c, 戦略 d$\}$, $S_2=\{$戦略 a′, 戦略 b′, 戦略 c′, 戦略 d′$\}$ である．

表 2.4　逐次消去の例 1

1\2	戦略 a′	戦略 b′	戦略 c′	戦略 d′
戦略 a	10,20	1,10	1,10	1,10
戦略 b	20,1	2,20	2,10	2,10
戦略 c	1,1	3,2	3,20	3,10
戦略 d	0,1	0,2	4,3	4,4

まず，プレイヤー 2 の戦略同士で支配関係がないことを確認してほしい．プレイヤー 1 については戦略 b が戦略 a を強支配しているが，それ以外に支配関係はない．そこで，プレイヤー 1 は戦略 a を消去する．

残された戦略から作られた新たな 3 行 4 列の利得行列において，次にプレイヤー 2 の戦略 b′ が戦略 a′ を強支配している．他に支配関係はない（プレイヤー 1 に関しては前段階で強支配されるものを消去したので，この段階で戦略同士の強支配関係はあり得ない）．そこで，プレイヤー 2 の戦略 a′ を消去する．さらに，残された戦略から作られた新たな 3 行 3 列の利得行列において，プレイヤー 1 の戦略 c は戦略 b を強支配し，他の支配関係はない．したがってプレイ

ヤー1の戦略bを消去する．続いて，この消去された新たな2行3列の双行列においてプレイヤー2の戦略 c′ が戦略 b′ を強支配するので戦略 b′ を消去する．さらにこの新たな2行2列の利得行列において，プレイヤー1の戦略 d は戦略 c を強支配するので戦略 c を消去する．最後に新たな1行2列の利得行列において，プレイヤー2の戦略 d′ は戦略 c′ を強支配し，戦略 c′ を消去する．その結果，(戦略 d, 戦略 d′) が逐次消去均衡となる．パレート最適である (戦略 a, 戦略 a′) が最初に消去され，逐次消去均衡の与える両プレイヤーの利得はそれよりもかなり小さいことに注意してほしい．

● 弱支配による逐次消去のプロセス

次に弱支配による逐次消去のプロセスを例示しよう．表2.5 を見ていただきたい．

表2.5　逐次消去の例2

1＼2	戦略 a′	戦略 b′	戦略 c′	戦略 d′
戦略 a	10,10	10,5	10,5	5,20
戦略 b	15,5	10,10	10,0	5,0
戦略 c	0,5	15,5	10,10	5,0
戦略 d	20,0	0,0	15,0	5,5

この例では，弱支配戦略の逐次消去によって，戦略 a →戦略 a′ →戦略 b →戦略 b′ →戦略 c →戦略 c′，の順で戦略が消去される．この結果，(戦略 d, 戦略 d′) が逐次消去均衡となる．読者自ら確かめていただきたい．

次の表2.6 の利得行列は，表2.5 において (戦略 d, 戦略 d′) の利得だけを変更したものである．この場合，残された戦略はプレイヤー1は戦略 c, 戦略 d, プレイヤー2は戦略 c′, 戦略 d′ である．すなわち，4つの戦略の組 (戦略 c, 戦略 c′) (戦略 c, 戦略 d′) (戦略 d, 戦略 c′) (戦略 d, 戦略 d′) が残る．これ以上の消去ができないことを確認していただきたい．

2.3 戦略の逐次消去と共有知識の仮定

表 2.6 逐次消去の例 3

1 \ 2	戦略 a′	戦略 b′	戦略 c′	戦略 d′
戦略 a	10,10	10,5	10,5	5,20
戦略 b	15,5	10,10	10,0	5,0
戦略 c	0,5	15,5	10,10	5,0
戦略 d	20,0	0,0	15,0	0,10

弱支配戦略による逐次消去では，消去の順序によって残される戦略の組が異なる．例えば次の表 2.7 の例では，プレイヤー 1 から消去を始めると戦略 b が消去され (戦略 a, 戦略 a′) (戦略 a, 戦略 b′) が残り，プレイヤー 2 から始めると戦略 b′ が消去され (戦略 a, 戦略 a′) (戦略 b, 戦略 a′) が残る．両プレイヤーが同時に始めると (戦略 a, 戦略 a′) だけが残り，それが逐次消去均衡となる．

表 2.7 戦略の逐次消去に関する注意

1 \ 2	戦略 a′	戦略 b′
戦略 a	9,9	9,9
戦略 b	9,9	8,8

このような例や注意点については船木 [9] を参照していただきたい．逐次消去の議論は，Dutta [7]，Gibbons [10] にも詳しい．Osborne and Rubinstein [23] の合理化可能戦略 (rationalizable strategy) はこの概念と関係が深い．

2.3 戦略の逐次消去と共有知識の仮定

● プレイヤーの推論

逐次消去における，プレイヤーの思考プロセスを表 2.4 の例において考察してみよう．

プレイヤー1は戦略bが戦略aを強支配するという事実から戦略aをとらない．次にプレイヤー2は「プレイヤー1は戦略bが戦略aを強支配するという事実から戦略aをとらない」ということを合理的に推測して，その条件の下で戦略b′が戦略a′を強支配するという事実から，戦略a′をとらない．すなわち，この場合，プレイヤー2はプレイヤー1が合理的なプレイヤーであることを知り，それを前提として，戦略の選択を考察している．

次にプレイヤー1は，「プレイヤー2が『プレイヤー1は戦略aをとらない』ということから，その条件の下で戦略a′をとらない」という推測を基に，その条件の下で戦略cが戦略bを強支配するので戦略bをとらない．この場合，プレイヤー1は，「プレイヤー2が『プレイヤー1が合理的なプレイヤーであること』を知っている」ということを知っており，それを前提として，戦略の選択を考察している．

さらに，この議論を続けていくと，プレイヤー2は，「プレイヤー1が『プレイヤー2がプレイヤー1が合理的なプレイヤーであることを知っている』ということを知っている」ということを知っているので戦略の逐次消去を続け，戦略b′を消去することになる．すなわち，この段階で戦略の消去と同時に相手の合理性に対する推論を3段階使っている．この例において逐次消去均衡（戦略d，戦略d′）を得るためには，合理性に対する5段階の推論を行うことになる．

したがって，この推論を行うためには，単に相手が合理的であることを知るだけでは不十分である．また，相手が自分が合理的であることを理解していることが必要である．より深い逐次消去のためにはさらに深い知識と推論に関する仮定が必要である．

● 共有知識の仮定

以上で説明したのは，有限段階の合理性に対する推論の仮定であるが，ゲーム理論では一般に無限段階の合理性の推論が可能であることを仮定して議論を行う場合が多い．このような知識の仮定は共有知識の仮定と言う．すなわち，プレイヤー1と2は互いに合理的であることが共有知識となっている．より正確

に述べると,プレイヤー1と2は自分が合理的であり,相手が合理的であることを知っており,相手が「自分が合理的であること」を知っており,……という仮定が無限に続くことになる.さらに,この合理性の考察の背後にはプレイヤーが自分の戦略や利得のみならず相手の利得や戦略を知っていることも前提となる.すなわち,プレイヤーは互いの戦略や利得に関して共有知識を持っていることを仮定しなければならない.

n 人ゲームの場合は各段階において,他のすべての人がそのことを知っていると仮定して議論を進める必要がある.すなわち,ある事象が共有知識であるとは,その事象をすべての人が知り,そのことをすべての人が知り……と無限段階の過程が必要となる.この議論については岡田 [22] や Osborne and Rubinstein [23] を参考にしてほしい.

2.4 美人投票ゲームと複占市場ゲーム

● 美人投票ゲーム

本節では美人投票ゲームと複占市場ゲームの2つの例を挙げ,そこに逐次消去の概念を応用して得られる結果を考察しよう.

美人投票ゲームは次のようなゲームである.n 人のプレイヤーがおり,彼らは1から99の整数を選択する.このとき,全員の平均の $\frac{2}{3}$ に最も近い整数を選んだものが賞金を獲得する.もし,最も近いものが複数以上いる場合は,その人たちで賞金を均等に分配する.これは美人コンテストの投票で,優勝する人を予想するには,自分が美人と思う人よりも,他の人の投票しそうな人を予測して選ぶ必要があり,そのとき,他の人も自分と同じように他の人が投票しそうな人を予想しているという構造を持つことに由来する.しかしながら,ここで述べたゲームでは平均よりも少ない数が目標となるので,より複雑である.

このゲームは次のように定式化される.プレイヤー集合が $N = \{1, 2, \cdots, n\}$,戦略集合が $S_i = \{1, 2, \cdots, 99\}$, $(i \in N)$,利得関数が $f_i(x_1, x_2, \cdots, x_n) = 0$ if $i \notin$

K, $f_i = \frac{1}{|K|}$ if $i \in K$ で与えられる．ただし，$K = \{i \in N \mid |\frac{\frac{2}{3}\sum_{j \in N} x_j}{n} - x_i| \leq |\frac{\frac{2}{3}\sum_{j \in N} x_j}{n} - x_k|\ \forall k \in N\}$ である．

各プレイヤーが目標とする平均値の $\frac{2}{3}$ の数を目標数と呼ぼう．各プレイヤーが様々な数を選んだ場合，平均値はどのようになるであろうか．すべての人が最高値 99 を選んだ場合の平均値は 99 であるので，目標数はその $\frac{2}{3}$ であるから，66 以下にしかならない．すなわち，67 以上の整数を選ぶ戦略は 66 に支配され，67 以上の支配される戦略は除去され，次の段階に進む．全員が 1 から 66 の範囲で戦略をとるとすると，全く同様な考え方から $66 \times \frac{2}{3} = 44$ より 45 以上の整数は 44 に支配される．したがって，45 以上の整数を除去する．次の段階では，$44 \times \frac{2}{3} = 29\frac{1}{3}$ より 30 以上の整数を除去する．以下この議論を繰り返していくと，最後には 2 以上の整数が除去され 1 のみが残る．すなわち，このゲームの逐次消去均衡は全員が 1 をとることである．

なお，戦略の集合を 1 以上 99 以下の実数に拡張しても議論はほとんど同じである．このとき，1 以外の戦略はすべて支配関係で消去され，1 だけがそれを支配する戦略がないことを，読者自ら確認していただきたい．結局，この場合も全員が 1 をとる戦略の組が逐次消去均衡である．

● 複占市場ゲーム

続いて，逐次消去均衡の概念を複占市場における企業の行動の分析に応用してみよう．プレイヤーは 2 つの企業 1, 2 であり，プレイヤー集合を $N = \{1, 2\}$ と表すことにする．企業の持つ戦略は生産量を決定することであり，$S_1 = S_2 = \{x \in \mathbb{R} \mid x \geq 0\}$ とする．企業 1, 2 が生産量 x_1, x_2 を選んだとき企業の生産物 1 単位あたりの生産に必要な費用は，投入する原料や資源などのコスト $c\ (c > 0)$ であり，その結果，各企業の支出は cx_1, cx_2 となる．一方，企業の生産物の販売による収入は市場の逆需要曲線 $p = \max(a - x_1 - x_2, 0), (a > c)$ により定まるものとする．すなわち，両企業が x_1, x_2 の量の生産物を生産して市場に供

2.4 美人投票ゲームと複占市場ゲーム

給するとその結果定まる商品の価格は p である．

したがって企業 1, 2 はそれぞれ，次の式で表される利潤 f_1, f_2 を得る．ここで，$k=a-c$ としている．

$$f_1(x_1,x_2) = px_1 - cx_1 = \max((k-x_1-x_2)x_1, -cx_1),$$
$$f_2(x_1,x_2) = px_2 - cx_2 = \max((k-x_1-x_2)x_2, -cx_2).$$

企業の利潤関数を利得関数とすると，2 人ゲーム $\langle N, S_1 \times S_2, (f_1, f_2) \rangle$ ができる．このゲームは複占市場ゲームと呼ばれ，ミクロ経済学の生産理論では標準的な設定である．

それでは，このゲームにおいて第 1 段階で残される戦略を調べよう．プレイヤーは対称であるので，企業 1 の戦略を分析する．まず，$x_1 > k$ とすると，$k-x_1-x_2 < 0$ であるから常に企業 1 の利得は負になる．戦略 $x_1 = 0$ は利得 0 を与えるので，$x_1 > k$ という戦略はすべて支配される．したがって，それらの戦略を消去して $0 \leq x_1 \leq k$ としてよい．

次に $0 \leq t < \frac{k}{2}$ のとき，企業 1 の戦略 $x_1 = t$ が戦略 $x_1' = k - t$ を支配することを示そう．

企業 2 の所与の戦略 x_2 に対し，$x_1 < x_1'$ が成り立つことに注意すると，$t+c < x_2$ が成り立つとき，$k - x_1' - x_2 = t - x_2 < -c$ であるから，$f_1(x_1', x_2) = -cx_1' < -cx_1 \leq f_1(x_1, x_2)$ が成り立つ．一方，$t + c \geq x_2$ が成り立つとき，$k - x_1 - x_2 \geq k - x_1' - x_2 \geq -c$ であるから，$f_1(x_1, x_2) = (k - x_1 - x_2)x_1$ および $f_1(x_1', x_2) = (k - x_1' - x_2)x_1'$ が成り立つ．よって

$$f_1(x_1,x_2) - f_1(x_1',x_2) = (k-x_1-x_2)x_1 - (k-x_1'-x_2)x_1'$$
$$= (k-t-x_2)t - (t-x_2)(k-t)$$
$$= (k-2t)x_2 \geq 0$$

となる．さらに $x_2 > 0$ の場合は $f_1(x_1, x_2) > f_1(x_1', x_2)$ である．このようにして，x_1 が x_1' を支配することがわかるので，支配される戦略を消去すると残された戦略の範囲は，$0 \leq x_1 \leq \frac{k}{2}$ となる．企業 2 についても同様の議論で，残さ

れた戦略の範囲は，$0 \leq x_2 \leq \frac{k}{2}$ となる．

次の段階(第2段階)の消去を考えよう．残された戦略に対し $0 \leq t < \frac{k}{4}$ のとき，1の戦略 $x_1 = \frac{k}{2} - t$ が戦略 $x_1' = t$ を支配することを示す．前段階の条件の下で，$f_1(x_1, x_2) = (k - x_1 - x_2)x_1, f_2(x_1', x_2) = (k - x_1' - x_2)x_1'$ が成り立つことに注意すると，$f_1(x_1, x_2) - f_1(x_1', x_2) = (k - 2x_2)(\frac{k}{4} - t) \geq 0$ となる．さらに $x_2 < \frac{k}{2}$ のとき，$f_1(x_1, x_2) > f_1(x_1', x_2)$ となる．したがって，支配される戦略を消去すると残された戦略の範囲は，$\frac{k}{4} \leq x_1 \leq \frac{k}{2}$ となる．企業2についても同様に $\frac{k}{4} \leq x_2 \leq \frac{k}{2}$ となる．このような消去を続けていくと次の段階(第3段階)では，$0 \leq t \leq \frac{k}{4}$ のとき $x_1 = \frac{k}{4} + t$ が $x_1' = \frac{k}{2} - t$ を支配することを示すことができるので，残された戦略の範囲は，$\frac{k}{4} \leq x_1 \leq \frac{3}{8}k, \frac{k}{4} \leq x_2 \leq \frac{3}{8}k$ となる．

さらに第 m 段階で残された戦略の区間は，m が奇数と偶数のとき $m = 2r - 1$，$m = 2r$ と表すとすると，それぞれ，

$$\left[\frac{4^{r-1} - 1}{3 \cdot 4^{r-1}} k, \frac{2 \cdot 4^{r-1} + 1}{6 \cdot 4^{r-1}} k \right], \quad \left[\frac{4^r - 1}{3 \cdot 4^r} k, \frac{2 \cdot 4^{r-1} + 1}{6 \cdot 4^{r-1}} k \right]$$

と表すことができる．これを図示すると図2.1のようになる．

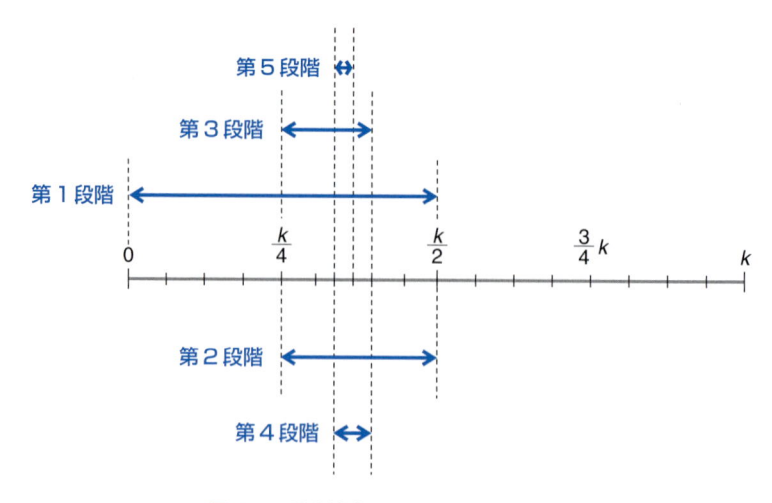

図 2.1　逐次消去における残された戦略

これらの区間の両端の数はいずれも $\frac{k}{3}$ に収束するので，この消去を続けていくと $x_1 = \frac{k}{3}$ 以外の戦略はすべて消去されることがわかる．したがって，$(\frac{k}{3}, \frac{k}{3})$ が逐次消去均衡となる．

なお，ここでの議論はプレイヤーの数が増えると成立しない．これについては，Gibbons [10] を参照していただきたい．

ナッシュ均衡 3

　本章では非協力ゲームの理論の基本的な解であるナッシュ均衡を紹介する．ナッシュ均衡は，ノーベル経済学賞を受賞したナッシュが提示した n 人非協力ゲームの最も著名な解の概念であり，経済学でも頻繁に使われる．

　本章では，さらに，ナッシュ均衡と前章までに紹介した支配戦略均衡や逐次消去均衡との関係についても議論する．

> **講義のポイント**
> ●最適反応戦略　●ナッシュ均衡戦略　●ナッシュ均衡の含意
> ●ナッシュ均衡が 2 つのゲーム　●ナッシュ均衡がないゲーム
> ●強支配による逐次消去との関係　●美人投票ゲームと複占市場ゲームにおけるナッシュ均衡

3.1 ナッシュ均衡の定義

● 最適反応戦略

前章の逐次消去のプロセスを考えた場合，どのような戦略の組が常に残るのであろうか．逐次消去のプロセスを再考してみよう．

n 人非協力ゲームの戦略の組 (s_i, s_{-i}) において，自分 i 以外の戦略の組 $s_{-i} \in S_{-i}$ に対し，条件

$$f_i(s_i, s_{-i}) \geq f_i(t, s_{-i}) \quad \forall t \in S_i$$

を満たす戦略 s_i を，戦略の組 s_{-i} に対するプレイヤー i の最適反応あるいは最適反応戦略と呼ぶ．

弱支配戦略は，他のすべての戦略の組 s_{-i} に対して最適反応となる戦略と言い換えることができる[注]．前章で紹介した逐次消去のプロセスではある戦略によって支配される戦略を消去している．したがって，強支配によって消去される戦略は，他のプレイヤーの戦略の組に対して最適反応となる可能性がない戦略である．

一方，ある戦略が他の人たちのある戦略の組に対して最適反応となっている場合，その戦略は強支配によって消去されることはない．したがって，互いに他のプレイヤーの戦略に対して最適反応になっていれば，逐次消去されないはずである（なおこの点は 3.3 節でより詳細に議論する）．

● ナッシュ均衡戦略

以上に述べたように，互いに他のプレイヤーの戦略に対して最適反応になっている戦略の組のことをナッシュ均衡と呼ぶ．

注　ただし，少なくとも 1 つの戦略の組に対しては厳密な不等号が成立する必要がある．

3.1 ナッシュ均衡の定義

> ● **定義：ナッシュ均衡**
>
> 戦略の組 $s=(s_i,s_{-i})$ が以下の条件を満たすとき，ナッシュ均衡と呼ぶ．
>
> $f_i(s_i,s_{-i}) \geq f_i(t,s_{-i}) \quad \forall t \in S_i, \forall i \in N.$

このとき，ナッシュ均衡を構成するそれぞれの戦略を，ナッシュ均衡戦略と呼ぶ．言い換えると，ナッシュ均衡戦略とは他の人のある戦略の組と組み合わせてナッシュ均衡を構成することが可能な戦略のことである．

ナッシュ均衡においては，各人の戦略は他の人の戦略の組に対する最適反応になっているので，他の人が戦略を変えることがない限り，各人は自分の戦略を変更するインセンティブを持たない．プレイヤーが十分に合理的で，全員がゲームについて，2.3 節で紹介した共有知識を持つ場合，ナッシュ均衡がただ1つであれば全員がナッシュ均衡戦略をとり，ナッシュ均衡が成立することは，十分に考えられることである．その一方，ナッシュ均衡において複数以上のプレイヤーが一斉に戦略を変更すると，その変更したプレイヤー全員の利得が増加する場合があることに注意する必要がある．すなわち，ここでは，1人のプレイヤーのみが戦略を変更し，同時に複数のプレイヤーが戦略を変えることがないことを前提としている．

● ナッシュ均衡の含意

ナッシュ均衡のその他の意味付けも考えてみよう．ナッシュ均衡でない戦略の組が最終結果として実現していたとしよう．このとき，プレイヤーのうち少なくとも1人は戦略を変更する誘因を持つ．彼が戦略を変更すると，異なった状況（戦略の組）が生じるが，それがナッシュ均衡でなければ，再び他のプレイヤーのさらなる戦略の逸脱を生ずる．すなわち，戦略の組がナッシュ均衡でない限りこのようなプレイヤーの逸脱が常に生じ，それを安定した状況と言うことはできない．その意味で，ナッシュ均衡は，どのプレイヤーの逸脱もない安

定な状況と言うことができる.

次に,各プレイヤーが他の人たちのとる戦略を予想し,その予想の下で戦略をとるものと仮定しよう.ここでは,この予想が,いかなる考えを基に生じたかは議論しない.また,各プレイヤーは自分の予想に対する最適反応戦略をとると考える.このとき,各人が同一のナッシュ均衡を構成する戦略の組を予想していれば,彼らのとる戦略はナッシュ均衡戦略となり,しかも,全員の予想が実現したことになる.すなわち,各プレイヤーの予想は実現した戦略の組と一致している.

ナッシュ均衡のもう一つの解釈として,同じ戦略形ゲームが繰り返されている状況を考える.プレイヤーは,同じ状況が繰り返されていることは知っているが,その繰り返しの全体に対する戦略を考察せず,前の回と同じ状況が,そのまま生ずると考えているとする.このような状況において,各プレイヤーは前の回に生じた戦略の組に対する最適反応戦略をとるものとする.そのとき,もし各人のとる戦略の組がナッシュ均衡になっていれば,誰もその状態から戦略を変更する動機が生じず,同じ状態が長期的に続くと考えられる(この議論は Osborne and Rubinstein [23] 参照).

しかしながら,このような考え方に対して,そのような繰り返しの状況はそれそのものを一つの大きなゲームとして捉え,その大きなゲームのナッシュ均衡を分析すべきであるという批判がある.そのような繰り返し的な状況を表現するゲームを繰り返しゲームと呼び,第 8 章で紹介する.この他のナッシュ均衡の解釈については例えば岡田 [22] を参照していただきたい.

3.2 ゲームのナッシュ均衡

● ナッシュ均衡の例

第 1 章で紹介した 2 人ゲームにおけるナッシュ均衡を求めてみよう.ナッシュ均衡は互いに相手の戦略に対して最適反応となっている戦略の組であるか

3.2 ゲームのナッシュ均衡

表 3.1 表 1.2 の 2 人の商店主ゲーム・再掲

1 \ 2	110 円	150 円	200 円	300 円
110 円	⑨,⑨	⑱,0	⑱,0	⑱,0
150 円	0,⑱	8,8	16,0	16,0
200 円	0,⑱	0,16	7,7	14,0
300 円	0,⑱	0,16	0,14	4,4

ら,まず,相手の各戦略に対する最適反応戦略を求めればよい(表 3.1).

プレイヤー 1 にとって,相手の戦略 110 円に対し,利得を最大にする戦略,すなわち最適反応戦略は 110 円であり,戦略 150 円に対する最適反応戦略も 110 円である.以下,同様に,200 円,300 円に対する最適反応戦略も 110 円であることがわかる.プレイヤー 2 も同様の計算から相手の戦略に対する最適反応戦略は常に 110 円である.したがって,(110 円, 110 円) という戦略の組は互いに相手の戦略に対し,最適反応戦略となっているのでナッシュ均衡である.

表 3.1 では,相手の戦略に対して最適反応となるような戦略に対応する自分の利得部分に○を付している.このようにすると,2 人のプレイヤーの利得に○がついている場合,それを構成する戦略の組がナッシュ均衡になるので,ナッシュ均衡を求めやすい(本節の他の表でも,同様な方法で○を付している).この例では,強支配戦略均衡がナッシュ均衡となっている.常に,強支配戦略均衡や支配戦略均衡はナッシュ均衡になるが,これは,その戦略が他のプレイヤーの戦略の最適反応になっていることから明らかである.

続いて第 2 章のゲームのナッシュ均衡を求めてみよう(表 3.2).

この 2 人戦略形ゲームにおいて,プレイヤー 1 の最適反応戦略は相手の戦略 110 円,150 円,200 円,300 円に対し,それぞれ,110 円,110 円,150 円,200 円である.このゲームは自分と相手の立場を入れ替えても戦略の組と利得の関係が同じであるので,プレイヤー 2 の最適反応戦略も同じ構成である.このとき,互いに相手の戦略の組に対し最適反応となっているのは (110 円, 110

表 3.2 表 2.1 の 2 人の商店主ゲーム・再掲

1＼2	110 円	150 円	200 円	300 円
110 円	⑨,⑨	⑨,8	3,7	3,4
150 円	8,⑨	8,8	⑧,7	3,4
200 円	7,3	7,⑧	7,7	⑦,4
300 円	4,3	4,3	4,⑦	4,4

円) だけであり，これが唯一のナッシュ均衡となっている．すなわち，この例では逐次消去均衡がナッシュ均衡となっている．この命題の一般性の議論は次節で行う．

● **ナッシュ均衡が 2 つのゲーム**

続いて，次の表 3.3 の 2×2 行列の 2 人ゲームを見ていただきたい．

表 3.3 ナッシュ均衡が 2 つのゲーム (1)

1＼2	戦略 a′	戦略 b′
戦略 a	⑤,⑤	0,0
戦略 b	0,⓪	⓪,⓪

戦略 a が戦略 b を弱支配し戦略 a′ が戦略 b′ を弱支配しているので，(戦略 a, 戦略 a′) は弱支配戦略均衡である．しかしながら，プレイヤー 1 にとっての最適反応戦略を求めると，戦略 a′ の最適反応は戦略 a であるが，戦略 b′ の最適反応は戦略 a と戦略 b の両方である．同時にプレイヤー 2 にとっても，戦略 a の最適反応は戦略 a′ であるが，戦略 b の最適反応は戦略 a′ と戦略 b′ の両方である．したがって戦略の組 (戦略 a, 戦略 a′)，(戦略 b, 戦略 b′) の両方がナッシュ均衡である．この例は弱支配戦略均衡が唯一であるにもかかわらず，それ以外のナッシュ均衡が存在することを示している．すなわちナッシュ均衡は弱支配

による逐次消去によって消去される可能性がある．

このゲームと同様，次の表3.4の対称な2人戦略形ゲームにおいてもナッシュ均衡は2つ存在する．

表 3.4　ナッシュ均衡が 2 つのゲーム (2)

1\2	戦略 a′	戦略 b′
戦略 a	⑤,⑤	0,0
戦略 b	0,0	⑤,⑤

このように，ナッシュ均衡が2つ以上存在する場合，ナッシュ均衡戦略は戦略の選択の指針とならない場合が多い．例えばこのゲームでは，2人の戦略 a，戦略 b，戦略 a′，戦略 b′ はそれぞれの組合せ (戦略 a, 戦略 a′), (戦略 b, 戦略 b′) がナッシュ均衡であるのでナッシュ均衡戦略であるが，ナッシュ均衡戦略同士の組合せ (戦略 a, 戦略 b′) や (戦略 b, 戦略 a′) はナッシュ均衡とならない．このゲームでは，ナッシュ均衡の概念はプレイヤーがどちらの戦略をとるべきかについて明確な指針を与えない．

● ナッシュ均衡がないゲーム

次に，表3.5のような2人ゲームの例を見ていただきたい．

表 3.5　ナッシュ均衡のないゲーム

1\2	戦略 a′	戦略 b′
戦略 a	②,−2	−1, ①
戦略 b	−2, ②	①,−1

このゲームでは，プレイヤー1にとっては戦略 a′ の最適反応戦略は戦略 a で，戦略 b′ の最適反応戦略は戦略 b であるが，プレイヤー2にとっては逆に，戦略 a の最適反応戦略は戦略 b′ で，戦略 b の最適反応戦略は戦略 a′ である．し

たがって，互いに相手の戦略の最適反応となるような戦略の組はない．すなわち，このゲームにはナッシュ均衡が存在しない．この場合も，ナッシュ均衡は戦略の選択の指針とならない．この問題を克服するための一つの方法を第 4 章で紹介する．

戦略の数が有限でないケースのナッシュ均衡やプレイヤーが 3 人以上のゲームのナッシュ均衡の求め方については，船木 [9] を参照していただきたい．

3.3 ナッシュ均衡と戦略の逐次消去

● 強支配による逐次消去との関係

すでに前節で見たように，強支配戦略均衡，弱支配戦略均衡はともにナッシュ均衡であるが，弱支配による逐次消去でナッシュ均衡が消去されてしまう場合がある．ナッシュ均衡と戦略の強支配による逐次消去に関しては次のシンプルな関係がある．

> **定理 3.1**
> n 人戦略形ゲームにおける強支配による逐次消去において，ナッシュ均衡戦略が消去されることはない．

証明

逐次消去のあるプロセスにおいて，ナッシュ均衡 $x^* = (x_i^*, x_{-i}^*)$ を構成するある i のナッシュ均衡戦略 x_i^* がある戦略 y_i により，初めて消去されたとする．このとき，その段階において，y_i は x_i^* を強支配しており，他のプレイヤーの戦略 x_{-i}^* は消去されていないので，

$$f_i(y_i, x_{-i}^*) > f_i(x_i^*, x_{-i}^*)$$

が成り立たなければならない．これは x^* がナッシュ均衡であることに矛盾する．この証明で，同時に 2 つ以上の戦略が消去される場合はそのうちの任意の 1 つをとって

上記の議論をすれば同じ矛盾が導かれる. (証明終)

この定理は，強支配による逐次消去均衡がある場合，それ以外にナッシュ均衡が存在しないことを示している．したがって，この条件においてもしナッシュ均衡が存在するのであれば，それは逐次消去均衡と一致する．

一方，強支配戦略均衡は常にナッシュ均衡であったので，強支配による逐次消去均衡も常にナッシュ均衡となることが期待される．それについては次の定理がある．

> **定理 3.2**
> （各プレイヤーの戦略の数が有限である）n 人戦略形ゲームにおいて強支配による逐次消去均衡はナッシュ均衡となる．

証明

逐次消去均衡 x^* がナッシュ均衡でなかったとする．x^* がナッシュ均衡ではないので，x^*_{-i} に対する最適反応戦略が x^*_i ではない，あるプレイヤー i が存在する．そのときある $y_i (y_i \neq x^*_i)$ が存在して，

$$f_i(x^*_i, x^*_{-i}) < f_i(y_i, x^*_{-i})$$

が成り立つ．しかしながら，戦略の組 x^* だけが逐次消去されずに残された戦略であるから，いずれかの段階で y_i はある戦略によって逐次消去されなければならない．ある時点で y_i を強支配したその戦略を z_i としよう．すると，x^*_{-i} は常に消去されずに残っているので

$$f_i(x^*_i, x^*_{-i}) < f_i(y_i, x^*_{-i}) < f_i(z_i, x^*_{-i})$$

が成り立つ．この利得の関係から，当然 z_i は y_i とも x^*_i とも異なる．この戦略 z_i もいずれかの時点で逐次消去されているはずであるから，全く同じ議論が適用でき，z_i をある時点で強支配し，y_i とも x^*_i とも異なる戦略 w_i が存在しなければならない．以下，この議論は限りなく続けることができ，異なる戦略 $x^*_i, y_i, z_i, w_i, \cdots$ を無限にとることが可能となり，戦略の数が有限であることに矛盾する． (証明終)

定理 3.1 と定理 3.2 を組み合わせれば，強支配による逐次消去の結果，ただ 1 つの戦略の組が残されたのであれば，それが唯一のナッシュ均衡となることがわかる．

戦略の数が有限でないとき，定理 3.2 は成立しない．ここで，以下の表 3.6 で表される 2 人戦略形ゲームを見てほしい．プレイヤー 1 の戦略は 2 個であるがプレイヤー 2 の戦略の数は無限である．このゲームにおいて戦略の強支配により，逐次消去されずに残る戦略の組は (戦略 b, 戦略 0) だけである．なぜなら，プレイヤー 2 にとって常に戦略 $k(k \neq 0)$ は戦略 $k+1$ に強支配されるからである．しかしながらこの残された戦略の組 (戦略 b, 戦略 0) は明らかにナッシュ均衡ではない．このゲームにはナッシュ均衡は存在しない．

表 3.6 戦略の数が無限の 2 人ゲーム

1\2	戦略 0	戦略 1	戦略 2	戦略 3	⋯	戦略 n	⋯
戦略 a	0,2	1,1	$1, 1+\frac{1}{2}$	$1, 1+\frac{1}{2}+\frac{1}{4}$	⋯	$1, 1+\frac{1}{2}+\frac{1}{4}+\cdots+\frac{1}{2^{n-1}}$	⋯
戦略 b	1,0	0,1	$0, 1+\frac{1}{2}$	$0, 1+\frac{1}{2}+\frac{1}{4}$	⋯	$0, 1+\frac{1}{2}+\frac{1}{4}+\cdots+\frac{1}{2^{n-1}}$	⋯

● 美人投票ゲームと複占市場ゲームにおけるナッシュ均衡

最後に，前章で紹介した美人投票ゲームと複占市場ゲームについても触れておこう．美人投票ゲームも戦略の集合を実数に拡張できるので，両者とも戦略の数が無限のゲームと考えることができる．このとき，美人投票ゲームの唯一のナッシュ均衡は全員が 1 を選ぶことであり，また複占市場ゲームにおいて $(\frac{k}{3}, \frac{k}{3})$ はナッシュ均衡である．いずれのケースも逐次消去均衡と一致しているので，読者自ら確かめていただきたい．

2人ゼロ和ゲーム

本章では，2人ゼロ和ゲームの理論を紹介しよう．歴史的な順序では，ナッシュの理論より遡るが，この理論こそ，ゲーム理論の出発点となったと言うことができる．

2人ゼロ和ゲームは，フォン・ノイマンとモルゲンシュテルンがその著書 [33] で最初に取り上げたゲームである．ここでは，鞍点をナッシュ均衡の2人ゼロ和ゲームへの適用として紹介するが，それは両者を比較し，その違いを明確にするためである．本章の議論と第5章の混合戦略の議論を合わせると，2人ゼロ和ゲームの精密な理論をよく知ることができる．

講義のポイント
- 2人ゼロ和ゲーム ● 2人ゼロ和ゲームの利得行列 ● 鞍点
- 鞍点の交換可能性 ● マックスミニ戦略とミニマックス戦略
- マックスミニ値とミニマックス値の比較 ● 鞍点との関係

4.1 2人ゼロ和ゲームの定義

● 2人ゼロ和ゲーム

前章で紹介したナッシュ均衡のないゲーム（表 3.5）を下記に再掲しよう．このゲームにおいてナッシュ均衡は存在していない．

表 4.1 ナッシュ均衡のないゲーム・再掲

1 \ 2	戦略 a	戦略 b
戦略 a	2, −2	−1, 1
戦略 b	−2, 2	1, −1

このゲームはコインを同時に2人で出して見せ合うゲームで，コイン合わせゲーム（マッチングペニー）と呼ばれる．戦略 a を「表を出す」，戦略 b を「裏を出す」こととし，2人が同じ側を出したらプレイヤー1が勝ち，2人が違う側を出したらプレイヤー2が勝つ．ただし，勝ったプレイヤーが a を出しているときは2点もらい，b を出しているときは1点をもらう．このゲームでは，2人のプレイヤー1と2の利得の和は常にゼロであるので2人ゼロ和ゲームと呼ばれ，一般的には次のように定義される[注]．

● **定義：2人ゼロ和ゲーム** $\langle N, S_1, S_2, f \rangle$

プレイヤー集合が $N = \{1, 2\}$ であり，各人の戦略集合はそれぞれ S_1, S_2 で与えられているとき，2人のプレイヤーの利得関数が，すべての $s \in S_1$，$t \in S_2$ に対して，$\pi_1 = f(s,t)$，$\pi_2 = -f(s,t)$ を満たすときこのゲームを**2人ゼロ和ゲーム**と呼ぶ．

注　ゼロ和という点を強調して「ゼロ和2人ゲーム」と呼ばれることもある．

2人ゼロ和ゲームの利得行列

2人ゼロ和ゲームでは相手と自分の利害が完全に対立している．したがって，いずれの場合の2人の利得の組もパレート最適である．

プレイヤー2の利得はプレイヤー1の利得の符号を逆にしたものであるから，一方のプレイヤーの利得を表示すれば，他方の利得をあえて表示する必要がない．そこで，$S_1 = \{1, 2, \cdots, m\}$, $S_2 = \{1, 2, \cdots, l\}$ に対し，$a_{st} = f(s, t)$ $((s, t) \in S_1 \times S_2)$ と表すと2人ゼロ和ゲームは，次の表4.2のような行列で表現される．このときこの行列は，2人ゼロ和ゲームの利得行列と呼ばれる．

表 4.2　2人ゼロ和ゲームの利得行列

1＼2	1	2	$\cdots$	l
1	a_{11}	a_{12}	$\cdots$	a_{1l}
2	a_{21}	a_{22}	$\cdots$	a_{2l}
$\vdots$	$\vdots$	$\vdots$	$\ddots$	$\vdots$
m	a_{m1}	a_{m2}	$\cdots$	a_{ml}

この2人ゼロ和ゲームにおいて，プレイヤー1は通常の利得最大化を目標とするが，プレイヤー2は利得行列で表示されている利得を最小化することが，自分の利得の最大化行動となる．そこで，プレイヤー1を最大化プレイヤー，プレイヤー2を最小化プレイヤーと呼ぶことにする．

4.2　2人ゼロ和ゲームの鞍点

鞍　点

2人ゼロ和ゲームにおけるナッシュ均衡の性質を調べてみよう．2人ゼロ和ゲームのナッシュ均衡は鞍点と呼ばれる．しかしながら，数式による定義では，次のようによりシンプルに表される．このチェックは容易である（船木 [9] 参照）．

> ● 定義：2人ゼロ和ゲームの鞍点
>
> プレイヤー1の任意の戦略 $s \in S_1$，プレイヤー2の任意の戦略 $t \in S_2$ について，$f(s^*,t) \geq f(s^*,t^*) \geq f(s,t^*)$ が成り立つとき，$(s^*,t^*) \in S_1 \times S_2$ を2人ゼロ和ゲームの鞍点と呼ぶ．

鞍点は，プレイヤー1にとっては，2の戦略を固定して，利得を最大化する戦略の組であり，プレイヤー2にとっては1の戦略を固定したときに(1の)利得を最小化する戦略の組である．そのときの関数は馬の鞍のような形で，鞍点はその中心の点であるのでこの名前が付いた（図4.1参照）．

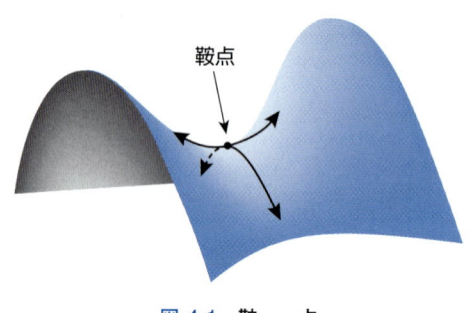

図4.1　鞍　　点

鞍点はナッシュ均衡を2人ゼロ和ゲームに適用したものであるにもかかわらず，その定義式は興味深い示唆を与えてくれる．現在の状況から自分だけが戦略を変更したとき，自分の利得が上昇しないことを要請しているのがナッシュ均衡であるが，そのとき，相手の利得が上がるか下がるかは，不明である．しかしながら，鞍点においては，自分だけが戦略を変更するとき，相手の利得は変わらないか上昇する．逆に相手が戦略を変更すると自分の利得は変わらないか上昇する．

● 鞍点の例

鞍点はこの他にもいくつかの興味深い性質を持っている．次節でそれを示す

4.2 2人ゼロ和ゲームの鞍点

が，その前に2人ゼロ和ゲームの例をいくつか挙げておこう．

次の表4.3は第1章の2人の商店主ゲーム(表1.2)を2人の利得の和が一定となるように修正したゲームである．このゲームにおいて2人の利得から9ずつ引くと表4.4の2人ゼロ和ゲームになる．すべての利得ベクトルのセルにおいて，両者の利得の和はゼロであるのでプレイヤー1の利得のみが表示されていることに注意してほしい．

表 4.3 　表1.2の2人の商店主ゲーム・修正

1＼2	110 円	150 円	200 円	300 円
110 円	9,9	18,0	18,0	18,0
150 円	0,18	9,9	18,0	18,0
200 円	0,18	0,18	9,9	18,0
300 円	0,18	0,18	0,18	9,9

表 4.4 　修正された2人ゼロ和ゲーム

1＼2	110 円	150 円	200 円	300 円
110 円	0	9	9	9
150 円	−9	0	9	9
200 円	−9	−9	0	9
300 円	−9	−9	−9	0

なお，このようにプレイヤーのすべての利得から同じ数を引いたり足したりしても，ゲームの基本構造は変わらず，ゲームの解(ここでは，ナッシュ均衡や鞍点)は変わらない．ゲームの解はこのような基本的性質(公理)を満たしている．このゲームのナッシュ均衡は (110円, 110円) であるが，これは同時に鞍点である．

もう一つ，「じゃんけん」に由来するゲームを記述しよう(表4.5)．2人のプレイヤーはそれぞれ，グー，チョキ，パーの3つの戦略を持っている．ただし，

表 4.5 じゃんけんゲーム

1 \ 2	グー	チョキ	パー
グー	0	1	−6
チョキ	−1	0	3
パー	6	−3	0

グーで勝つと相手から 1 点もらい，チョキで勝つと 3 点，パーで勝つと 6 点，相手からもらえるものとする．これも 2 人ゼロ和ゲームとなる．このゲームに鞍点がないことを，読者自ら確かめていただきたい．

4.3 鞍点の交換可能性

2 人戦略形ゲームで 2 つのナッシュ均衡 $(s^*,t^*),(s',t')$ が存在する場合，その戦略を交換して生成した戦略の組 $(s^*,t'),(s',t^*)$ は，一般にナッシュ均衡とはならない．したがって，自分がナッシュ均衡となる戦略をとろうとしても，それがナッシュ均衡となるためには，相手がそれに対応する戦略をとらなければならない（表 3.4 のゲーム参照）．しかしながら，2 人ゼロ和ゲームでは，この交換した戦略の組もナッシュ均衡となる．そのことを，以下に定理として示そう．

> **定理 4.1**
> 2 人ゼロ和ゲームにおいて，戦略の組 $(s^*,t^*),(s',t')$ が鞍点であるとき，$(s^*,t'),(s',t^*)$ も鞍点となる．さらにそれらの与える利得もすべて一致する．

証明

鞍点の定義より，任意の $s \in S_1, t \in S_2$ に対して，

$$f(s,t^*) \leq f(s^*,t^*) \leq f(s^*,t), \quad f(s,t') \leq f(s',t') \leq f(s',t)$$

が成り立つ．それゆえ，左側で $s=s'$, $t=t'$ とし，右側で $s=s^*$, $t=t^*$ とすると

$$f(s',t^*) \leq f(s^*,t^*) \leq f(s^*,t'), \quad f(s^*,t') \leq f(s',t') \leq f(s',t^*)$$

が成り立つ．よって，左側と右側で，$f(s',t^*)$, $f(s^*,t')$ が同じであることに注意すれば

$$f(s^*,t^*) = f(s^*,t') = f(s',t') = f(s',t^*)$$

でなければならない．以上より，任意の $s \in S_1$, $t \in S_2$ に対して，

$$f(s,t^*) \leq f(s^*,t^*) = f(s',t^*) = f(s',t') \leq f(s',t),$$

$$f(s,t') \leq f(s',t') = f(s^*,t') = f(s^*,t^*) \leq f(s^*,t)$$

が成り立つ．これは $(s^*,t'), (s',t^*)$ が鞍点であることを示している．証明の途中で，鞍点に対応するすべての利得が等しいことも示されている． (証明終)

4.4 マックスミニ戦略

● マックスミニ戦略とミニマックス戦略

一人意思決定問題において，次のような慎重な行動基準は有名である．それは，自分のとる選択に応じて，そのとき起こり得る最悪のケースを考慮し，その中でも最善の結果が生ずる選択をとる行動である．これはマックスミニ行動と呼ばれるが，この行動様式を2人ゼロ和ゲームに適用してみよう．

まず，最大化プレイヤーの場合，自分のとる戦略に対する最小の利得を，その戦略の保証水準と呼ぶ．マックスミニ行動に対応する戦略はこの保証水準を最大にする戦略であり，マックスミニ戦略あるいはマクシミン戦略と呼ばれている．

また，最小化プレイヤーの場合，この行動基準を適用すると，それは，自分のとる選択に対する最大の利得(保証水準)を最小にする戦略となり，ミニマックス戦略と呼ばれている．また，そのとき，マックスミニ戦略によって与えられる保証水準の最大値をマックスミニ値，ミニマックス戦略によって与えら

る保証水準の最小値を**ミニマックス値**と呼ぶ．

> ●**定義：マックスミニ戦略とミニマックス戦略**
>
> 2人ゼロ和ゲームにおいて，$\min_{t \in S_2} f(s^*, t) = \max_{s \in S_1} \min_{t \in S_2} f(s, t)$ を満たす戦略 s^* を**マックスミニ戦略**と呼ぶ．さらに，そのときこの式の与える値を**マックスミニ値**と呼ぶ．
>
> 一方，$\max_{s \in S_1} f(s, t^*) = \min_{t \in S_2} \max_{s \in S_1} f(s, t)$ を満たす戦略 t^* を**ミニマックス戦略**と呼ぶ．さらに，そのときこの式の与える値を**ミニマックス値**と呼ぶ．

● マックスミニ値とミニマックス値の比較

以下の表4.6 の 3 行 3 列のゲームでマックスミニ戦略とミニマックス戦略を求めてみよう．

表 4.6　マックスミニ戦略の求め方

1＼2	戦略1	戦略2	戦略3	ミニ値
戦略1	2	−3	1	−3
戦略2	0	4	0	⓪
戦略3	1	−2	2	−2
マックス値	②	4	②	

最大化プレイヤーの戦略1に対応する，3つの利得は，2, −3, 1 であり最小の利得（保証水準）は −3 である．この値が一番右のセルにミニ値として記載されている．同様に戦略2に対応する3つの利得の最小値 0 がミニ値である．このとき，最小利得が複数以上あってもよいことに注意していただきたい．さらに同様に戦略3に対応するミニ値は −2 である．これらのミニ値の中で最大の値

は0であるから，この利得を与える戦略2がマックスミニ戦略となる．表4.6では対応する利得に○を付けてある．

同様に，ミニマックス戦略を求めよう．最小化プレイヤーの各戦略に対応する最大利得が一番下のセルに記載されている．これらのマックス値の中の最小値は2であり，それを与える戦略は戦略1と戦略3の2つである．これら2つがミニマックス戦略である．これも対応する利得に○を付けてある．

マックスミニ値とミニマックス値を比べると一般にマックスミニ値のほうが小さい．それを定理として与えよう．

> **定理4.2**
> 2人ゼロ和ゲームにおいて，$\max_{s \in S_1} \min_{t \in S_2} f(s,t) \leq \min_{t \in S_2} \max_{s \in S_1} f(s,t)$ である．

証明

任意の $s' \in S_1, t' \in S_2$ に対して，$\min_{t \in S_2} f(s',t) \leq f(s',t')$ が成り立つ．この両辺は，t' を固定すると s' の関数であるから，

$$\max_{s \in S_1} \min_{t \in S_2} f(s,t) \leq \max_{s \in S_1} f(s,t')$$

が成り立つ．任意の t' について上記の不等式が成り立っているので，

$$\max_{s \in S_1} \min_{t \in S_2} f(s,t) \leq \min_{t \in S_2} \max_{s \in S_1} f(s,t)$$

を得る．　　　　　　　　　　　　　　　　　　　　　　　　　　　　（証明終）

● **鞍点との関係**

鞍点が存在する場合には，一般的にマックスミニ値とミニマックス値は一致する．また，逆にマックスミニ値とミニマックス値が一致するとき，鞍点が存在する．

> **定理 4.3**
>
> 2人ゼロ和ゲームにおいて鞍点が存在するとき，$\max_{s \in S_1} \min_{t \in S_2} f(s,t) = \min_{t \in S_2} \max_{s \in S_1} f(s,t)$ が成り立つ．逆に，$\max_{s \in S_1} \min_{t \in S_2} f(s,t) = \min_{t \in S_2} \max_{s \in S_1} f(s,t)$ が成り立つとき，鞍点が存在する．

証明

鞍点 (s^*, t^*) が存在すると仮定する．鞍点の定義から，すべての $s \in S_1$, $t \in S_2$ に対し $f(s^*, t) \geq f(s^*, t^*) \geq f(s, t^*)$ が成り立つ．すなわち，

$$\min_{t \in S_2} f(s^*, t) = f(s^*, t^*) \quad \text{および} \quad f(s^*, t^*) = \max_{s \in S_1} f(s, t^*)$$

が成り立つ．一方，任意の $s' \in S_1$ に対して

$$\max_{s \in S_1} \min_{t \in S_2} f(s,t) \geq \min_{t \in S_2} f(s', t)$$

が成り立つので

$$\max_{s \in S_1} \min_{t \in S_2} f(s,t) \geq \min_{t \in S_2} f(s^*, t) = f(s^*, t^*)$$

を得る．同様に任意の $t' \in S_2$ に対して $\max_{s \in S_1} f(s, t') \geq \min_{t \in S_2} \max_{s \in S_1} f(s,t)$ より

$$f(s^*, t^*) = \max_{s \in S_1} f(s, t^*) \geq \min_{t \in S_2} \max_{s \in S_1} f(s,t)$$

を得る．これらを組み合わせると

$$\max_{s \in S_1} \min_{t \in S_2} f(s,t) \geq \min_{t \in S_2} \max_{s \in S_1} f(s,t)$$

が得られ，これと定理 4.2 より，求める等式が得られる．

逆に，$\max_{s \in S_1} \min_{t \in S_2} f(s,t) = \min_{t \in S_2} \max_{s \in S_1} f(s,t)$ が成り立っているとしよう．この値を達成する戦略の組を $(\hat{s}, \hat{t}) \in S_1 \times S_2$ とする．このとき，

$$\max_{s \in S_1} \min_{t \in S_2} f(s,t) = \max_{s \in S_1} f(s, \hat{t})$$

が成り立つ．したがってすべての $s \in S_1$ に対して

4.4 マックスミニ戦略

$$f(s,\hat{t}) \leq \max_{s \in S_1} f(s,\hat{t}) = f(\hat{s},\hat{t})$$

が成り立つ．同様に，$\max_{s \in S_1} \min_{t \in S_2} f(s,t) = \min_{t \in S_2} f(\hat{s},t)$ より，すべての $t \in S_2$ に対して

$$f(\hat{s},t) \geq \min_{t \in S_2} f(\hat{s},t) = f(\hat{s},\hat{t})$$

を得る．これらは $(\hat{s},\hat{t})$ が鞍点であることを示している． (証明終)

　この定理を表 4.4 の例で確認しよう．このゲームのマックスミニ値とミニマックス値は表 4.7 のように求められ，一致することがわかる．マックスミニ戦略とミニマックス戦略の組はナッシュ均衡(鞍点)と一致している．一方，じゃんけんゲームのマックスミニ値とミニマックス値は表 4.8 のように一致しない．

表 4.7 修正された 2 人ゼロ和ゲームのマックスミニ値

1 \ 2	110 円	150 円	200 円	300 円	ミニ値
110 円	0	9	9	9	⓪
150 円	−9	0	9	9	−9
200 円	−9	−9	0	9	−9
300 円	−9	−9	−9	0	−9
マックス値	⓪	9	9	9	

表 4.8 じゃんけんゲームのマックスミニ値

1 \ 2	グー	チョキ	パー	ミニ値
グー	0	1	−6	−6
チョキ	−1	0	3	⓵
パー	6	−3	0	−3
マックス値	6	①	3	

マックスミニ戦略とミニマックス戦略の組は鞍点になっていない.

　鞍点が存在するとき,マックスミニ戦略とミニマックス戦略は良い性質を持っているので,それをまとめておこう.

(1) マックスミニ値とミニマックス値が一致する.

　最大化プレイヤーにとって,マックスミニ戦略をとると自分の保証水準を確実に達成できる.しかしながら,もし,この値が一致していないとすると,マックスミニ値よりミニマックス値のほうが大きいので,それを達成することが可能な戦略の組が存在し,その組を何らかの方法でうまく実現することができれば,利得が増加する.すなわち,マックスミニ値以上の利得を実現する可能性があり,結果的にはマックスミニ戦略をとったことを後悔するかもしれない.(1) はこのようなことがないことを保証している.

(2) マックスミニ戦略,ミニマックス戦略は鞍点を生成する.

　単にナッシュ均衡であるだけでなく,鞍点であるので,自分が戦略を変更する誘引を持たないだけでなく,(例えば相手が合理的でなく) 相手が戦略を変更したとしても,自分の利得が下がることはないので,相手の戦略の変更に関して心配する必要がない.

(3) マックスミニ戦略,ミニマックス戦略が複数以上ある場合どのマックスミニ戦略とミニマックス戦略の組も鞍点となり利得が変わらない.

　これは,前章までの戦略形ゲームのナッシュ均衡戦略と大きく違うところである.相手の戦略に応じてどの戦略をとるかを決める必要がなく,どのマックスミニ戦略も相手がミニマックス戦略をとる限り,ナッシュ均衡(鞍点)となるので,この意味で強い行動指針となり得る.

　このように,2人ゼロ和ゲームに鞍点が存在する場合,マックスミニ戦略とミニマックス戦略は非常に良い性質を持ち,2人の十分に合理的なプレイヤー

4.4 マックスミニ戦略

にとって，これ以上の戦略は見当たらない．その意味で，これらの戦略は 2 人ゼロ和ゲームの最適戦略と呼ばれている．さらに，このときミニマックス値と一致するマックスミニ値のことをゲームの値と呼んでいる．したがって，2 人ゼロ和ゲームにおいて，鞍点が存在する場合，このゲームは完全に解決し，最大化プレイヤーの得る利得はゲームの値となる．

以上の議論から，鞍点の存在が重要であることがわかるが，鞍点の存在しないゲームも多い．そこで，戦略の空間を広げることを考える．それが，次の第 5 章のトピックである．

混合戦略の導入と均衡点の存在

5

前章までに,戦略形ゲームにおけるナッシュ均衡および鞍点を紹介したが,その問題点の一つは,すべてのゲームにおいてナッシュ均衡や鞍点が必ずしも存在しないことである.

本章では,戦略の集合を混合戦略の範囲まで拡張する.この拡張によって,ナッシュ均衡や鞍点の存在が保証される.これを証明すると同時に,ナッシュ均衡や鞍点の求め方を示すことが本章の目的である.この証明では角谷の不動点定理が有効に活用される.

> 講義のポイント
> ●混合戦略と純戦略 ●混合戦略への拡張 ●ナッシュ均衡の存在 ●存在定理の応用 ●2人ゲームにおけるナッシュ均衡の求め方

5.1 混合戦略の定義

● 混合戦略と純戦略

初めに，前章の 4.1 節で取り上げたコイン合わせゲームを取り上げてみよう．このゲームは，鞍点の存在しない 2 人ゼロ和ゲームであり，以下の表 5.1 のような利得行列で表現される．

表 5.1　コイン合わせゲーム

1 \ 2	戦略 a	戦略 b
戦略 a	2	−1
戦略 b	−2	1

このゲームには鞍点(ナッシュ均衡)が存在しないので，戦略の集合を拡張することを考えよう．そのための一つの方法は，何らかの手段で戦略の混合を可能にすることである．

そこで，戦略 a(表)か戦略 b(裏)かを確率的に決定することにする．例えば，サイコロを振り，出た目によって戦略 a を選ぶか戦略 b を選ぶかを決定するような方法である．ただし，各戦略に割り当てる確率は自由に選ぶことができると仮定する．

このとき，元のゲームで戦略 a を選ぶことは「確率 1 で戦略 a を選ぶこと」に対応し，戦略 b を選ぶことは「確率 0 で戦略 a を選ぶこと」に対応するので，この確率化によって元の戦略の集合を含みながら，戦略の集合を拡張することができる．

このように，元のゲームの各戦略に対する確率分布を用いて拡張された戦略のことを混合戦略と呼び，そのときの元のゲームの確定的な戦略のことを純戦略あるいは純粋戦略と呼ぶ．

5.1 混合戦略の定義

> ●**定義：混合戦略**
> プレイヤー i の戦略集合を S_i とするとき，S_i 上の確率分布を，プレイヤー i の**混合戦略**と呼ぶ．

戦略形 n 人ゲームにおいて各プレイヤー i の混合戦略を p_i と記し，その集合を P_i と記すことにしよう．戦略形ゲーム $\langle N, \{S_i\}_{i \in N}, \{f_i\}_{i \in N} \rangle$ において混合戦略を導入したとき，各プレイヤーの利得関数は次の式で表される．

$$E_i(p_1, p_2, \cdots, p_n)$$
$$= \sum_{s_1 \in S_1} \sum_{s_2 \in S_2} \cdots \sum_{s_n \in S_n} p_1(s_1) p_2(s_2) \cdots p_n(s_n) f_i(s_1, s_2, \cdots, s_n).$$

ここで，$p_i(s_i)$ は純戦略 s_i をとる確率である．この関数は**期待利得関数**と呼ばれ，通常のゲーム理論の枠組みでは，プレイヤーはこの期待利得を最大化する戦略を選択すると仮定している．期待利得を最大化する行動を公理的に説明する理論が**期待効用理論**であり，その詳細は例えば岡田 [**22**] 等を参照していただきたい．

● 混合戦略への拡張

このようにして，元の戦略形 n 人ゲームは混合戦略を戦略の集合とする n 人ゲーム $\langle N, \{P_i\}_{i \in N}, \{E_i\}_{i \in N} \rangle$ に拡張することができる．ナッシュ均衡，鞍点，マックスミニ戦略など前章までに紹介した概念は，そのまま同様に定義することが可能である．また，2 人ゼロ和ゲームを混合戦略の集合に拡張したゲームも 2 人ゼロ和ゲームになる．

しかしながら，ゲームを拡張すると，鞍点，ナッシュ均衡は必ず存在するのであろうか．その答えはイエスであるが，それを証明する前にコイン合わせゲームの鞍点を求めてみよう．

プレイヤー 1 の純戦略，戦略 a, 戦略 b をそれぞれ，s_1, s_2 と表し，プレイヤー 2 の純戦略，戦略 a, 戦略 b をそれぞれ，t_1, t_2 と表すことにする．さらに

2人のプレイヤーの混合戦略を $p=(p_1,p_2)\in P_1$, $q=(q_1,q_2)\in P_2$ と表すことにする．このとき, p_1, q_1 は，それぞれ，各プレイヤーが戦略 a をとる確率, p_2, q_2 は，各プレイヤーが戦略 b をとる確率を表しており，$p_1+p_2=1$, $q_1+q_2=1$, $0\leq p_1,p_2,q_1,q_2\leq 1$ を満たしている．プレイヤー 1 が混合戦略 p をとっているときのプレイヤー 2 の純戦略 t_1, t_2 に対する期待利得は，

$$E(p,t_1)=E((p_1,p_2)(1,0))=2p_1-2p_2=4p_1-2,$$

$$E(p,t_2)=E((p_1,p_2)(0,1))=-p_1+p_2=1-2p_1$$

と求まる．ここで，このゲームは 2 人ゼロ和ゲームであるから $E_1=E, E_2=-E$ である．この期待利得を図示すると図5.1のようになる．

横軸はプレイヤー 1 の混合戦略のパラメータとして $p_1(0\leq p_1\leq 1)$ をとり，縦軸はそれに対応する期待利得 E である．この図において，太線の部分がプレイヤー 1 の各混合戦略に対するミニ値となる．なぜなら，ミニ値を計算するときに，プレイヤー 2 は混合戦略をとることができると仮定しているが，ミニ値を実現するためには，$E(p,t_1)$ と $E(p,t_2)$ が同じ値でない限り，純戦略 t_1 あるいは t_2 をとる必要がある．それゆえ，$\min_{t\in S_2}E(p,t)=\min_{q\in P_2}E(p,q)$ となり，それは図の太線で表される．このときマックスミニ値 $\max_{p\in P_1}\min_{q\in P_2}E(p,q)=0$ かつ $p_1=\frac{1}{2}$ となる．

プレイヤー 2 が混合戦略 q をとっているときのプレイヤー 1 の純戦略 s_1, s_2 に対する期待利得は

$$E(s_1,q)=E((1,0)(q_1,q_2))=2q_1-q_2=3q_1-1,$$

$$E(s_2,q)=E((0,1)(q_1,q_2))=-2q_1+q_2=1-3q_1$$

となる．これを図示すると図5.2のようになり，同様な考察から $q_1=\frac{1}{3}$ のときにミニマックス値 0 となることがわかる．

マックスミニ値とミニマックス値が一致するので，前章の定理 4.3 より，これらの戦略の組 $(p,q)=((\frac{1}{2},\frac{1}{2}),(\frac{1}{3},\frac{2}{3}))$ は鞍点であり，p, q は各プレイヤーの最適戦略となる．

5.1 混合戦略の定義

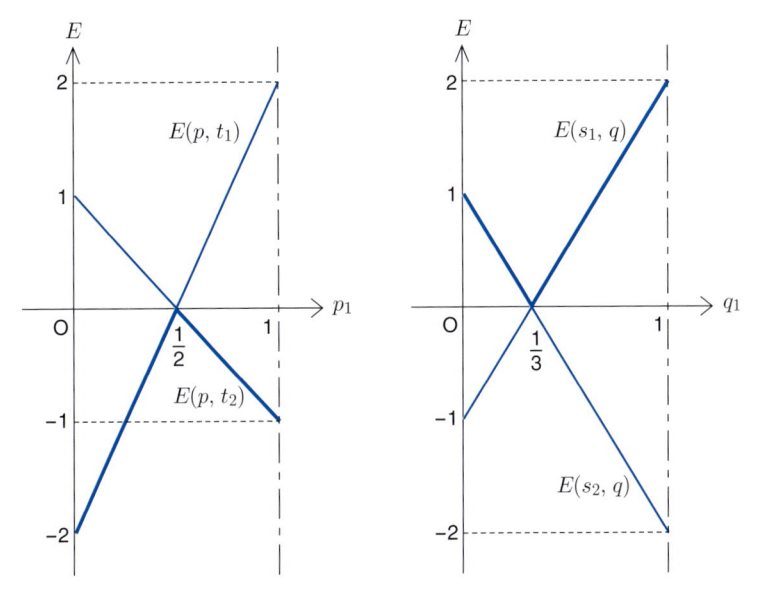

図 5.1 2人ゲームのマックスミニ値　　**図 5.2** 2人ゲームのミニマックス値

この考察から，コイン合わせゲームでは，両プレイヤーとも表か裏を確定的に出すのではなく，それぞれを確率 $(\frac{1}{2}, \frac{1}{2})$，および $(\frac{1}{3}, \frac{2}{3})$ で出す戦略が最適となることがわかる．混合戦略と期待効用理論の考え方を純戦略，利得と同様なものとして受け入れることができれば，前章までの議論をそのまま引き継ぐことができる．しかしながら，混合戦略自身をどのように解釈するかは，確率の解釈を伴うので，簡単には議論できない．実際にゲームをプレイする場合は純戦略しかとることができないので，相手が混合戦略を用いているとき，相手のとった純戦略からその確率分布を確認するのは容易ではない．

各プレイヤーの純戦略の数が3以上ある様々な2人ゼロ和ゲームにおける最適戦略，鞍点の求め方は船木 [9] などを参照していただきたい．

5.2 ナッシュ均衡の存在

戦略の集合を混合戦略まで拡大したとき，ナッシュ均衡や鞍点は常に存在する．ナッシュ均衡あるいは鞍点の存在を証明するためには不動点定理を用いるのが一般的である．ブラウワーの不動点定理あるいは角谷の不動点定理を用いる方法があるが，存在定理をよりスマートに証明することができる角谷の不動点定理を用いた存在証明を解説しよう．まず，その定理の説明に必要ないくつかの数学的な概念を紹介する．

> ● 定義：対応
>
> 集合 X の各点に対し，集合 Y の部分集合を対応させる関数を X から Y への対応あるいは集合値関数と呼ぶ．

> ● 定義：上半連続
>
> 有限次元ユークリッド空間 $\mathbb{R}^m$ における有界閉凸集合 X から Y への対応を F とする．対応 F が上半連続であるとは F が次の条件を満たすことである．点 $x \in X$ に収束する任意の点列 $\{x^k\}$ $(x^k \in X)$ と点 y に収束する任意の点列 $\{y^k\}$ $(y^k \in Y)$ が $y^k \in F(x^k)$, $k=1,2,\cdots$ を満たすとき，$y \in F(x)$ が成り立つ．

> ● 定義：不動点
>
> X から X への対応において，$x \in F(x)$ を満たす点 $x \in X$ をこの対応の不動点と呼ぶ．

5.2 ナッシュ均衡の存在

> **角谷の不動点定理**(Kakutani [12] 参照)
>
> 有限次元ユークリッド空間 $\mathbb{R}^m$ における有界閉凸集合 X から X への対応が，上半連続性と凸値性(すべての $x \in X$ に対して $F(x)$ は凸集合)，非空性(すべての $x \in X$ に対して $F(x)$ は空集合でない)を満たすならば，この対応は不動点を持つ．

次のナッシュ均衡の存在定理を証明するために最適反応対応 $B_i(p_{-i})$ を定義しよう．ここで，$p_{-i} = (p_1, p_2, \cdots, p_{i-1}, p_{i+1}, \cdots, p_n)$ である．

$$B_i(p_{-i}) = \{q \in P_i \mid E_i(q, p_{-i}) = \max_{p_i \in P_i} E_i(p_i, p_{-i})\}.$$

$B_i(p_{-i})$ は他のプレイヤーの混合戦略の組 p_{-i} に対する i の最適反応の集合を対応と見なしたものである．

> **定理5.1 ナッシュ均衡の存在**
>
> 戦略の数が有限な n 人戦略形ゲームにおいて戦略の集合を混合戦略の集合に広げると常にナッシュ均衡が存在する．

証明

$P_1 \times P_2 \times \cdots \times P_n$ からそれ自身への対応 $B(p)$ を次のように定義する．

$$B(p) = B_1(p_{-1}) \times B_2(p_{-2}) \times \cdots \times B_n(p_{-n}).$$

この対応の不動点が存在すれば，定義からそれはナッシュ均衡になる．したがって $B(p)$ が角谷の不動点定理の条件を満たすことを示せば，ナッシュ均衡の存在が証明される．

まず，各プレイヤーの混合戦略の集合 P_i は有界閉凸集合であるから対応 $B(p)$ の定義域であるプレイヤーの混合戦略の組の集合 $P_1 \times P_2 \times \cdots \times P_n$ も有界閉凸集合である．

さらに，i の期待利得関数 E_i は連続関数であり，変数 p_i に関して線形であるから，i の最適反応対応 $B_i(p_{-i})$ の集合値は P_i の非空な凸部分集合となる．

2つの点列 $\{p^k\}=\{(p_1^k,p_2^k,\cdots,p_n^k)\}$, $\{q^k\}=\{(q_1^k,q_2^k,\cdots,q_n^k)\}$ が存在し，$p^k\to p^0$, $q^k\to q^0$, $p^k\in P_1\times P_2\times\cdots\times P_n$, $q_i^k\in B_i(p_{-i}^k)$ $\forall i\in N$ が成り立っているとする．このとき，$q_i^0\in B_i(p_{-i}^0)$ $\forall i\in N$ を示すことができれば，$B(p)$ が上半連続対応であることが示される．

最適反応対応 $B_i(p_{-i}^k)$ の定義から，任意の混合戦略 $r\in P_i$ に対し，

$$E_i(q_i^k,p_{-i}^k)\geq E_i(r,p_{-i}^k)$$

がすべての k に対して成り立つ．したがって，期待利得関数の連続性より

$$E_i(q_i^0,p_{-i}^0)\geq E_i(r,p_{-i}^0)$$

が成り立つ．これは q^0 が $q^0\in B_i(p^0)$ を満たすことを示している．すなわち $B(p)$ は上半連続である． (証明終)

● 存在定理の応用

定理 5.1 を 2 人ゼロ和ゲームに適応すれば鞍点の存在が証明され，ミニマックス定理が得られる．

> **系 5.1　ミニマックス定理**
>
> 戦略の数が有限の 2 人ゼロ和ゲームにおいて，戦略の集合を混合戦略の集合に広げると常に鞍点が存在し，ミニマックス定理が成り立つ．

戦略の数が無限の場合には，ある仮定の下に純戦略の範囲でナッシュ均衡の存在定理が成り立つ場合がある．このような存在定理の一つとして次の定理 5.2 を挙げておくことにする．

証明は定理 5.1 と同様であるので，練習問題として読者自ら証明していただきたい．

5.3　2人ゲームにおけるナッシュ均衡の求め方

> **定理 5.2**
>
> 　各プレイヤーの純戦略の集合が区間 $[a,b]$ で与えられているとする．また，各プレイヤー利得関数は自分の戦略に対し，連続かつ凹であるとする．このとき，この n 人戦略形ゲームにはナッシュ均衡が存在する．ここで n 次元ユークリッド空間を定義域とする n 変数関数 $f(x_1,x_2,\cdots,x_n)$ が変数 x_i に対して凹関数であるとは，任意の $x_{-i}\in\mathbb{R}^{n-1}, x,y\in\mathbb{R}, t\in[0,1]$ に対して
>
> $$f(tx+(1-t)y, x_{-i}) \geq tf(x,x_{-i})+(1-t)f(y,x_{-i})$$
>
> が成り立つことである．

5.3　2人ゲームにおけるナッシュ均衡の求め方

　混合戦略の範囲でナッシュ均衡は必ず存在することがわかったが，双方が2つの戦略を持つ2人戦略形ゲームにおいて実際にナッシュ均衡を求める方法を挙げておこう．

　以下の2人ゲーム(表 5.2)において，混合戦略の範囲でナッシュ均衡を求めてみよう ($a,b,c,d>0$)．なお，このゲームには純戦略ナッシュ均衡が2つ存在する．

表 5.2　純戦略ナッシュ均衡が2つあるゲーム

1＼2	戦略1	戦略2
戦略1	0,0	a,b
戦略2	c,d	0,0

　2人のプレイヤーの混合戦略を，それぞれ $p=(p_1,p_2)\in P_1, q=(q_1,q_2)\in P_2$ とする．プレイヤー1の期待利得関数は，

$$E_1(p,q) = p_1(0 \cdot q_1 + a \cdot q_2) + p_2(c \cdot q_1 + 0 \cdot q_2)$$
$$= p_1 a(1-q_1) + (1-p_1)cq_1$$
$$= \{a(1-q_1) - cq_1\}p_1 + cq_1$$
$$= \{a - (a+c)q_1\}p_1 + cq_1$$

である．よって，$a > (a+c)q_1$ すなわち，$\frac{a}{a+c} > q_1$ のとき，戦略 1 すなわち $p_1 = 1$ が最適反応である．同様に，$a = (a+c)q_1$ すなわち，$\frac{a}{a+c} = q_1$ のとき，$1 \geq p_1 \geq 0$ が最適反応である．同様に，$a < (a+c)q_1$ すなわち，$\frac{a}{a+c} < q_1$ のとき，$p_1 = 0$ が最適反応である．これをまとめると，プレイヤー 1 の最適反応対応 $B_1(q)$ は，

$$q_1 < \frac{a}{a+c} \quad \text{のとき} \quad p_1 = 1,$$
$$q_1 = \frac{a}{a+c} \quad \text{のとき} \quad 0 \leq p_1 \leq 1,$$
$$q_1 > \frac{a}{a+c} \quad \text{のとき} \quad p_1 = 0$$

で与えられる．またプレイヤー 2 の期待利得関数は，

$$E_2(p,q) = q_1(0 \cdot p_1 + d \cdot p_2) + q_2(b \cdot p_1 + 0 \cdot p_2)$$
$$= q_1 d(1-p_1) + (1-q_1)bp_1$$
$$= (d - dp_1 - bp_1)q_1 + bp_1$$
$$= \{d - (b+d)p_1\}q_1 + bp_1$$

である．よってプレイヤー 2 の最適反応対応 $B_2(p)$ は，

$$p_1 < \frac{d}{b+d} \quad \text{のとき} \quad q_1 = 1,$$
$$p_1 = \frac{d}{b+d} \quad \text{のとき} \quad 0 \leq q_1 \leq 1,$$

5.3 2人ゲームにおけるナッシュ均衡の求め方

$p_1 > \dfrac{d}{b+d}$ のとき $q_1 = 0$

で与えられる．

両プレイヤーの最適反応を表現する点の集合 $\{(p_1,q_1)\,|\,(p_1,p_2)\in B_1(q_1,q_2)\}$ および $\{(p_1,q_1)\,|\,(q_1,q_2)\in B_2(p_1,p_2)\}$ をそれぞれ，うすい青の太線，濃い青の太線で表すと，図5.3のようになる．

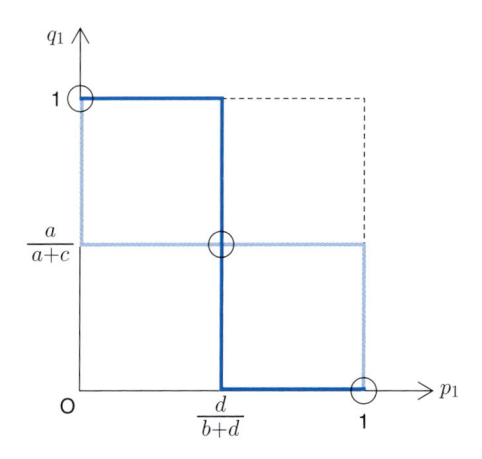

図5.3 表5.2のゲームの3つのナッシュ均衡

ナッシュ均衡は2つの最適反応対応を表す線の交点になるので，図で○を付けた点，すなわち，

$$(p,q) = \begin{cases} ((0,1),(1,0)), \\ \left(\left(\dfrac{d}{b+d},\dfrac{b}{b+d}\right),\left(\dfrac{a}{a+c},\dfrac{c}{a+c}\right)\right), \\ ((1,0),(0,1)) \end{cases}$$

がナッシュ均衡となる．

2人ゲームにおいて双方の戦略の数が2つの場合の他のケースについても，同

様に求めることができる．戦略の数が 3 以上の場合や 3 人以上のゲームにおいて混合戦略ナッシュ均衡を求める方法は，一般に難しい．前者については例えば，岡田 [22] を参照していただきたい．後者については船木 [9] にいくつかの例題が掲載されている．

展開形ゲーム 6

　本章では，プレイヤーの選択が逐次的な場合の問題分析方法を紹介する．これは展開形ゲームと呼ばれ，樹形図を用いたゲームの表現方法である．この樹形図はゲームの木と呼ばれ，意思決定問題のモデル化，分析に有効である．特に，プレイヤーの持つ情報の構造を明確に表現するのに適しているため，多くの経済学の問題などに応用されている．

講義のポイント
●逐次選択のゲーム　●同時選択のゲーム　●ゲームの木　●プレイヤー分割　●情報構造　●利得関数　●展開形ゲームにおける戦略　●行動戦略　●サブゲームとサブゲーム完全均衡　●後向き帰納法　●タイのある完全情報ゲームのサブゲーム完全均衡　●戦略形ゲームへの変換

6.1 選択が逐次的なゲーム

● 逐次選択のゲーム

第1章の2人の商店主ゲームを思い出していただきたい．このゲームで，もし，商店主の選択が逐次的であれば，どのように分析すればよいであろうか．ここでは先手の商店主をプレイヤー A，後手の商店主をプレイヤー B と呼ぶことにしよう．また，簡単のため A のとり得る選択肢は110円か150円の2通り，B のとり得る選択肢は110円，150円，200円の3通りであるとしよう．

これを表現するのには図6.1のような木（横向き）の形の図（樹形図）を利用するのが便利である．プレイヤー A が初めに選択肢110円，150円のどちらかを決定し，それを知ってプレイヤー B が選択肢110円，150円，200円のいずれかを決定することをこの図は示している．それぞれの選択の結果，生ずる利得が木の最後に利得ベクトルとして，(9, 9), (18, 0), (18, 0), (0, 18), (8, 8), (18, 0) と書かれている．

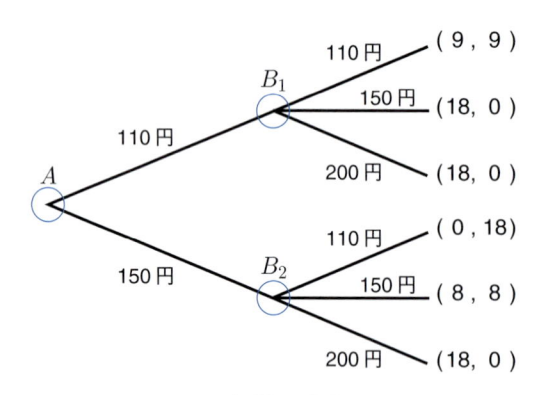

図 6.1 逐次選択の商店主ゲーム

この木を*ゲームの木*と呼び，最初の意思決定が行われる点を木の*始点*と呼ぶ．始点を含めて，木の分岐点ではいずれかのプレイヤーが選択を行うので，これ

らの分岐点はそれぞれ 1 人のプレイヤーに対応している．商店主ゲームの例だと分岐点 A ではプレイヤー A が選択し，分岐点 B_1, B_2 ではプレイヤー B が選択する．ここで，B_1 は A が 110 円を選択したとき，B_2 は A が 150 円を選択したときの状況に対応している．

ゲームの木は最後には終点に至って終了する．この終点には各プレイヤーの得る利得を表す利得ベクトルが割り当てられている．例えば A が 110 円を選択し，B が 110 円を選択すると利得ベクトル (9, 9) に至り，両プレイヤーは 9 を獲得する．A が 110 円を選択し，B が 150 円を選択すると利得ベクトル (18, 0) に至り，A が 18，B がゼロを獲得する．他の終点も同様である．

● **同時選択のゲーム**

一方，同時選択のゲームのように，意思決定をする時点で他のプレイヤーの意思決定結果を知らずに選択しなければならないこともある．このような状況は情報集合によって表現することができる．

図 6.2 を見ていただきたい．プレイヤー B の 2 つの分岐点は楕円で囲まれている．これは B にとってこの 2 つの分岐点を識別できないこと，すなわち，プレイヤー A が 110 円を選択したか，150 円を選択したか，それを識別できないことを示している．その条件の下で B は選択しなければならない．すなわち，こ

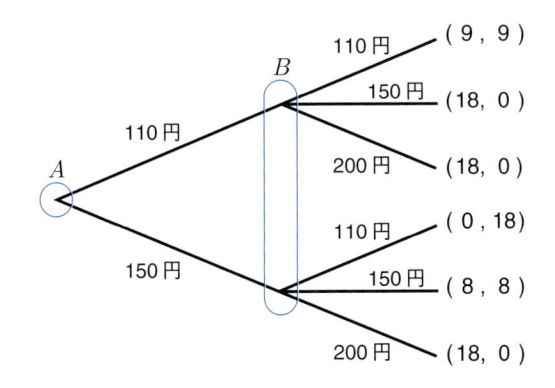

図 6.2 同時選択の商店主ゲーム

の意味で，これは同時選択のゲームと同じである．

6.2 展開形ゲームの表現

● ゲームの木

前節のようなゲームの表現を，より一般的に定義しよう．このゲームは**展開形ゲーム**と呼ばれる．まず，図 6.3 を見ていただきたい．展開形ゲームはプレイヤーの可能な行動選択の系列を樹形図の形で表現するゲームの表現形式で，木の分岐点でプレイヤーは，枝すなわち選択肢を選択する．始点の選択肢から始まり，終点(**頂点**と呼ぶ)に達してゲームのプレイは終了する．一般的に，展開形ゲーム Γ は次の 4 つの要素 $\langle K, P, U, h \rangle$ で表される．ここで，K はゲームの木，P はプレイヤー分割，U は情報構造，h は利得関数を表している．

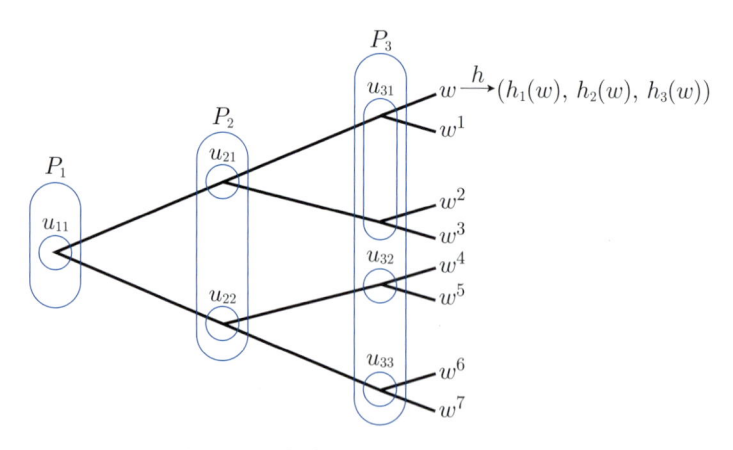

図 6.3 一般的な 3 人展開形ゲームの例

ゲームの木 K は，分岐点と頂点と枝の集合として表されるが，分岐点はそこで，プレイヤーが選択しなければならないので**手番**と呼ばれる．手番において選ばれるそれぞれの選択肢が木の枝として表現されている．なお，始点から頂点に至る経路(**プレイ**)は常にただ 1 通りである．すなわち，分岐した枝がそ

6.2 展開形ゲームの表現

の後，同一の手番や頂点に到達して，ループを生ずることがない．

● プレイヤー分割

各手番においては，ただ1人のプレイヤーが選択するが，そのプレイヤーを規定するのが**プレイヤー分割** $P=[P_1,P_2,\cdots,P_n]$ である．すなわち，手番の集合は各プレイヤー i の手番の集合 P_i に分割される．したがって，

$$P_1\cup\cdots\cup P_n = M, \quad P_k\cap P_j = \emptyset \quad (j\neq k)$$

が成り立つ．ただし，M はゲームの木におけるすべての手番の集合である．

● 情 報 構 造

情報構造 $U=[U_1,U_2,\cdots,U_n]$ は，プレイヤーが選択肢を決定する際に得ることのできる情報を表している．ここで，プレイヤー i の**情報集合** $u_{ik}\in U_i$ は i の手番の部分集合であり，その情報集合に属する各手番の選択肢の数は同じである．プレイヤー i は自分が選択を決定する際に，手番の属する情報集合はわかるが，その情報集合内のどの手番が実際のプレイ上の手番であるかはわからない．各 U_i に属する情報集合は P_i の分割になっている．すなわち

$$\bigcup_{u_{ik}\in U_i} u_{ik} = P_i, \quad u_{ik}\cap u_{il} = \emptyset \quad (k\neq l)$$

が成り立つ．また，$\bigcup_{i=1}^{n}\bigcup_{u_{ik}\in U_i} u_{ik} = M$ であるから $[u_{11},u_{12},\cdots,u_{nm}]$ は M の分割になっている．このため情報構造は**情報分割**と呼ばれることもある．

プレイヤー分割を記述しなくても明確な場合，記述を省略する場合がある．図6.3のゲームの場合，プレイヤー2は，プレイヤー1がどの選択肢をとったかがわかる．プレイヤー3は，プレイヤー1が上の選択肢をとった場合，プレイヤー2がどの選択肢をとったかを知ることができない．一方，プレイヤー1が下の選択肢をとった場合，プレイヤー2がどの選択肢をとったかがわかる．

なお，すべての情報集合がただ1つの手番からなるとき，すべての手番に対

し，その後の手番で，プレイヤーは元の手番の選択肢を知ることができるので，そのゲームを完全情報ゲームと呼ぶ．これらの情報構造を基にプレイヤーは意思決定を行う．

● 利得関数

各頂点 w に各プレイヤーの得る利得のベクトル $(h_1(w), h_2(w), \cdots, h_n(w))$ を対応させる関数 $h = (h_1, h_2, \cdots, h_n)$ を利得関数と呼ぶ．1つのプレイに対し，1つの頂点が対応し，全員の利得が確定する．展開形ゲームの分析では，w の代わりに対応する利得ベクトル $(h_1(w), h_2(w), \cdots, h_n(w))$ を直接記述する場合も多い．

以上の構造はすべてのプレイヤーの共有知識であることを前提とする．

6.3 展開形ゲームにおける戦略

● 展開形ゲームにおける戦略

逐次的に意思決定が行われる展開形ゲームにおいて，1つ1つの情報集合で選択される選択肢を局所純戦略あるいは手番における行動と呼ぶ．プレイヤーは，自分の情報集合の中でどの手番における意思決定であるか確認することができず，そのため，局所純戦略はその情報集合に属するすべての手番に一律に同じ選択肢を対応させなければならない．

一方，プレイヤーはゲームを開始する前に全体の行動計画を立てるかもしれない．それを(展開形ゲームの)純戦略と呼ぶ．すなわち，純戦略はプレイヤーが，各情報集合においてどのような選択肢をとるかを計画した行動スケジュールであり，それはすべての局所純戦略を集めたものである．

戦略形ゲームのときと同様に，プレイヤーはこの純戦略に確率を与えるかもしれない．このような純戦略上の確率分布を(展開形ゲームの)混合戦略と呼ぶ．各プレイヤーが純戦略あるいは混合戦略を選択すると，各プレイの生ずる確率

が定まるので，各頂点に到達する確率が定まり，頂点に対応する利得を基に，各プレイヤーの期待利得を計算することができる．

このようにして展開形ゲームからそれに対応する戦略形ゲームを求めたとき，その戦略形ゲームのナッシュ均衡を展開形ゲームの(混合戦略)ナッシュ均衡と言う．

● 2人の商店主ゲームの例

図6.1の商店主ゲームの例において A, B_1, B_2 は情報集合である．プレイヤー A の局所純戦略は A において 110 円および 150 円の 2 つである．プレイヤー B の局所純戦略は B_1 において 110 円，150 円，200 円の 3 つ，B_2 においても 110 円，150 円，200 円の 3 つである．一方，A の純戦略は 110 円および 150 円で同じであるが，B の純戦略は行動スケジュールであるから，

$s_1 = (B_1 : 110 \text{ 円}, B_2 : 110 \text{ 円})$,　　$s_2 = (B_1 : 110 \text{ 円}, B_2 : 150 \text{ 円})$,

$s_3 = (B_1 : 110 \text{ 円}, B_2 : 200 \text{ 円})$,　　$s_4 = (B_1 : 150 \text{ 円}, B_2 : 110 \text{ 円})$,

$s_5 = (B_1 : 150 \text{ 円}, B_2 : 150 \text{ 円})$,　　$s_6 = (B_1 : 150 \text{ 円}, B_2 : 200 \text{ 円})$,

$s_7 = (B_1 : 200 \text{ 円}, B_2 : 110 \text{ 円})$,　　$s_8 = (B_1 : 200 \text{ 円}, B_2 : 150 \text{ 円})$,

$s_9 = (B_1 : 200 \text{ 円}, B_2 : 200 \text{ 円})$

の9通りあることに注意していただきたい．ここで，コロン(:)の前は情報集合を表し，後ろはそこにおける選択肢を表している．

図6.2の2人の商店主ゲームでは，プレイヤー A の純戦略は同じであるが，プレイヤー B の純戦略は局所純戦略と同じ 110 円，150 円，200 円の 3 つである．情報集合 B における上，下の手番でそれぞれの選択肢が対応しており，その違いを識別できないことに注意していただきたい．

● 行 動 戦 略

一方，各情報集合において，プレイヤーは局所純戦略ではなくそれらの選択肢

に付与する確率を選ぶかもしれない.その確率分布を**局所戦略**と呼ぶ.各情報集合において,どのような局所戦略をとるかを計画した行動スケジュールを**行動戦略**と呼ぶ.行動戦略の中で,各局所戦略がすべて局所純戦略であればその行動戦略は展開形ゲームの純戦略と一致する.

各プレイヤーが行動戦略を決定すると各プレイの生ずる確率が定まり,各頂点に到達する確率,さらに,各頂点に対応する利得ベクトルから,各プレイヤーの期待利得を計算することができる.各プレイヤーが行動戦略をとると考え,そのとき,この行動戦略と期待利得の関係から求めたナッシュ均衡を(展開形ゲームの)**行動戦略ナッシュ均衡**と言う.

混合戦略ナッシュ均衡と行動戦略ナッシュ均衡の数式での表現をまとめておこう.プレイヤー i の混合戦略 q_i は i の各純戦略集合 Π_i 上の確率分布を与えるので,$\pi_i \in \Pi_i$ に対する確率を $q_i(\pi_i)$ と書き,プレイヤーの各純戦略 $\pi_1, \pi_2, \cdots, \pi_n$ で定まるプレイにより到達する頂点を $w(\pi_1, \pi_2, \cdots, \pi_n)$ とすると,i の期待利得は

$$H_i(q_1, q_2, \cdots, q_n) = \sum_{\pi_1 \in \Pi_1} \cdots \sum_{\pi_n \in \Pi_n} \left(\prod_{k=1}^{n} q_k(\pi_k) \right) h_i(w(\pi_1, \cdots, \pi_n))$$

と表されるので,混合戦略ナッシュ均衡 $(q_1^*, \cdots, q_n^*)$ は

$$H_i(q_i^*, q_{-i}^*) \geq H_i(q_i, q_{-i}^*) \quad \forall q_i, \forall i \in N$$

で表される.

プレイヤー i の行動戦略 b_i はプレイヤーの各情報集合 $u \in U_i$ において局所戦略 b_{iu} を規定し,それはその手番における各選択肢 e に対する確率を与える.結局 b_i が e をとる確率を定めるので,それを $b_i(e)$ と書く.W を頂点の集合とするとき,各頂点 $w \in W$ に対しその頂点に到達するプレイ,すなわち手番と選択肢の系列が定まるので,そのような選択肢の集合のうち,i の手番に対応するものを $E_i(w)$ と書くことにする.このとき i の期待利得は

$$\hat{H}_i(b_1,b_2,\cdots,b_n) = \sum_{w \in W} \prod_{k=1}^{n} \prod_{e \in E_k(w)} b_k(e) h_i(w)$$

と表されるので，行動戦略ナッシュ均衡 $(b_i^*,\cdots,b_n^*)$ は

$$\hat{H}_i(b_i^*,b_{-i}^*) \geq \hat{H}_i(b_i,b_i^*) \quad \forall b_i, \forall i \in N$$

で表される．

例えば，図6.1 の商店主ゲームの例において，プレイヤー B の混合戦略($\frac{1}{6}$, $\frac{1}{12}$, $\frac{1}{12}$, $\frac{1}{6}$, $\frac{1}{12}$, $\frac{1}{12}$, $\frac{1}{6}$, $\frac{1}{12}$, $\frac{1}{12}$)(ここでそれぞれの要素は純戦略 $s_1, s_2, \cdots, s_9$ をとる確率に対応する)と，B_1 において110円を $\frac{1}{3}$, 150円を $\frac{1}{3}$, 200円を $\frac{1}{3}$ の確率でとり，B_2 において110円を $\frac{1}{2}$, 150円を $\frac{1}{4}$, 200円を $\frac{1}{4}$ の確率でとるような行動戦略が対応しているので，それを比較しよう．プレイヤー A がどのような戦略(混合戦略, 行動戦略)をとろうとも，プレイヤー B のこの混合戦略と行動戦略により，到達する各頂点の確率分布は一致する．すなわち，これらは同等な戦略と考えることができる．自分の記憶が完全であるという標準的な条件の下で，一般的に行動戦略と混合戦略は同等である．この定理はキューンの定理と言われる．その詳細は岡田 [22] をご覧いただきたい．

6.4 サブゲーム完全均衡

● サブゲームとサブゲーム完全均衡

展開形ゲームにおいては，戦略形ゲームと異なったタイプの解概念を考えることができる．その代表的なものがサブゲーム完全均衡である．なお，この概念は多くの経済学的な例に応用されている．

展開形ゲームにおいて，分岐点と頂点の枝の部分集合が木になっており，それ自身が展開形ゲームの構造を持つときサブゲームあるいは部分ゲームと呼ぶ(元のゲーム自身もサブゲームと考える)．例えば図6.4 のゲームで点線に囲ま

れた部分はその中に始点，終点，プレイヤー分割，情報分割を含むので，サブゲームである．一方図 6.5 のゲームでは情報集合を切り離すことができないので，元のゲーム自身以外にサブゲームはない．

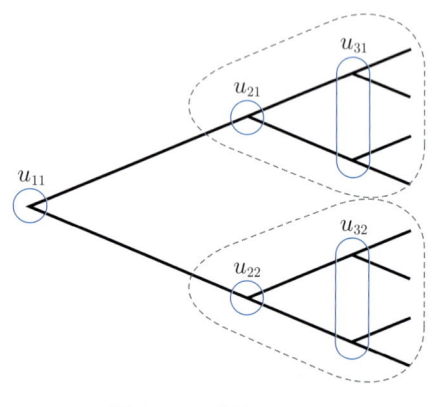

図 6.4　サブゲームの例

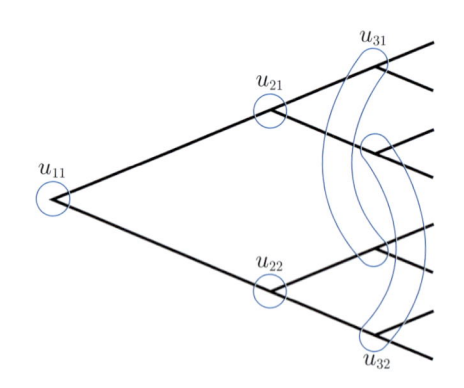

図 6.5　元のゲーム以外にサブゲームの存在しない例

すべてのサブゲームに純戦略あるいは行動戦略のナッシュ均衡を導くような，元の展開形ゲームの純戦略あるいは行動戦略ナッシュ均衡をサブゲーム完全均衡と呼ぶ．サブゲーム完全均衡は部分ゲーム完全均衡と呼ばれることもある．

サブゲーム完全均衡はすべてのサブゲームで，プレイヤーが合理的な意思決

定をすることを要請している．したがって，プレイとして到達しない手番，すなわち，プレイヤーたちの想定であり実現しない状況に対してもプレイヤーの合理性を求めている点に注意していただきたい．この意味で完全に合理的な解であると言える．

● 後向き帰納法

図6.1 の商店主ゲームの例において，手番 B_1 から始まるゲームはサブゲームである．また手番 B_2 から始まるゲームもサブゲームである．これらのサブゲームのナッシュ均衡は B_1 ではプレイヤー B が 110 円をとることで，B_2 でも B が 110 円をとることである．これらの局所純戦略を前提にすると全体のゲームでナッシュ均衡となるためにプレイヤー A が手番 A でとるべき戦略は110 円となる．

この方法は，サブゲーム完全均衡を求める方法を与えている．すなわち，最も頂点に近いサブゲームのナッシュ均衡を求め，そのサブゲームの始点をナッシュ均衡利得の組と置き換える．置き換えたゲームにおいて，最も頂点に近いサブゲームのナッシュ均衡を求め，そのサブゲームの始点をナッシュ均衡利得の組と置き換える．このようなプロセスを続けた結果，得られたのが上記のナッシュ均衡であり，サブゲーム完全均衡になっている．

展開形ゲームにおいてこのようにしてサブゲーム完全均衡を求めるプロセスは後向き帰納法，あるいは逆向き帰納法と呼ばれている．完全情報ゲームにおいては，この方法で必ずサブゲーム完全均衡を求めることができる．なお，選択肢がタイ（どちらの局所純戦略をとっても利得が同じ）の場合はどちらを選んでもサブゲーム完全均衡を得ることができる．

● タイのある完全情報ゲームのサブゲーム完全均衡

図 6.6 はタイのある完全情報ゲームであり，プレイヤー A の手番が A，プレイヤー B の手番が B_1, B_2 である．B_1 では c, d 2 つがともにサブゲームのナッシュ均衡であり，B_2 では e がサブゲームのナッシュ均衡である．B_1 の

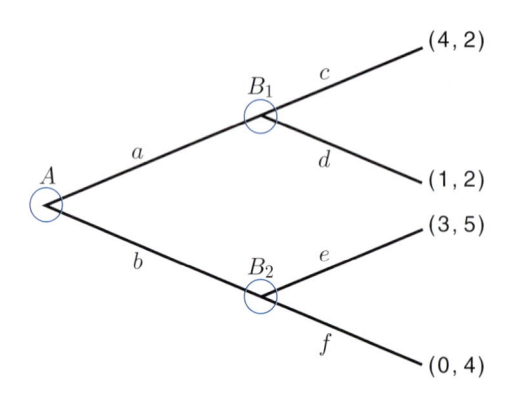

図 6.6　タイのある完全情報ゲームの例

c, B_2 の e に対してはプレイヤー A が A で a をとることが最適である．B_1 の d, B_2 の e に対しては A が b をとることが最適である．したがって，このゲームでは，

$$((A:a),(B_1:c,B_2:e)), \quad ((A:b),(B_1:d,B_2:e))$$

の 2 つのサブゲーム完全均衡がある．

一方，$((A:a),(B_1:c,B_2:f))$, $((A:a),(B_1:d,B_2:f))$ はどちらも純戦略ナッシュ均衡であるがサブゲーム完全均衡ではなく，B_2 における不合理な行動 f を含んでいる．

なお，サブゲーム完全均衡は純戦略と行動戦略の概念であり，混合戦略に対しては定義されないことに注意していただきたい．また，図 6.2 の同時選択の商店主ゲームのようにサブゲームが元のゲーム自身しかない場合にはサブゲーム完全均衡とナッシュ均衡の概念は一致する．

6.5　戦略形ゲームへの変換

6.3 節で示したように，展開形ゲームにおいてその純戦略を求め，それらの

6.5 戦略形ゲームへの変換

組に対応する利得を考えると，展開形ゲームに対応する戦略形ゲームを求めることができる．これを展開形ゲームの**戦略形ゲームへの変換**あるいは**標準化**と呼ぶ．

例えば図 6.1 の商店主ゲームを戦略形ゲームに変換すると，表 6.1 のようになる．このように変換すると，容易にナッシュ均衡を計算することができる．純戦略ナッシュ均衡は $(110\text{円}, s_1)$ と $(110\text{円}, s_2)$ の 2 つであり，前者はサブゲーム完全均衡であるが，後者はそうではない．後者には B_2 における不合理な選択 150 円が含まれている．しかしながら，両者とも 2 人の得る利得は一致している．なお，$(110\text{円}, s_1)$ は逐次消去均衡になっている．

表 6.1　逐次選択の商店主ゲームの戦略形表現

A\B	s_1	s_2	s_3	s_4	s_5	s_6	s_7	s_8	s_9
110 円	9,9	9,9	9,9	18,0	18,0	18,0	18,0	18,0	18,0
150 円	0,18	8,8	18,0	0,18	8,8	18,0	0,18	8,8	18,0

最後に，展開形ゲームについてその詳細を紹介している参考文献として岡田 [**22**] を挙げておく．さらに，関連する問題の演習については船木 [**9**] を参照していただきたい．

偶然手番のある展開形ゲームと完全ベイジアン均衡 7

本章では，展開形ゲームに偶然手番を導入する．偶然手番とは，ルーレットや天気などの偶然機構が選択肢を決定する手番であり，展開形ゲームに新たな不確実性の要素を与え，分析力を高める．さらに，不確実性のある展開形ゲームの解としてサブゲーム完全均衡に対応する完全ベイジアン均衡を紹介し，その経済学的応用例を挙げる．この例は完全ベイジアン均衡の有用性を示している．

完全ベイジアン均衡では，他のプレイヤーの選択に対する信念の考察が重要である．この信念をアップデートするためにベイズの定理が用いられる．

講義のポイント
●偶然手番の導入 ●偶然手番のあるゲームの標準化 ●情報集合と信念 ●整合的な信念と完全ベイジアン均衡 ●完全ベイジアン均衡 ●脅し戦略と脅し均衡 ●市場参入ゲーム ●手番の前後がわからない市場参入ゲーム ●完全ベイジアン均衡の計算

7.1 偶然手番のあるゲーム

● 偶然手番の導入

展開形ゲームに偶然手番を導入しよう．**偶然手番**では，その手番における選択肢がプレイヤーではなく何らかの偶然機構によって選ばれる．例えば，ルーレットやサイコロ，天候などプレイヤーの意思を反映せずに選択肢が決定される手番である．

各偶然手番 c に対し，選択肢上の確率分布を p_c とする．すなわち，p_c は偶然手番の各選択肢がとられる確率を表現している．偶然手番の集合を P_0 とする．このとき $p = \{p_c\}_{c \in P_0}$ をゲームの要素に加えることにより，偶然手番のある展開形ゲームを $\Gamma = \langle K, P, U, h, p \rangle$ と表すことができる．ここで，前章と同様，K はゲームの木，$P = [P_0, P_1, P_2, \cdots, P_n]$ はプレイヤー分割，U は情報構造，h は利得関数を表している．このとき，便宜的に偶然手番は偶然プレイヤーが選択を行うとし，情報集合は各偶然手番のそれぞれを 1 つの情報集合とする．すなわち $U_0 = \{\{c\} \mid c \in P_0\}$ とする．

局所戦略，純戦略，混合戦略，行動戦略などは前章の偶然手番がない場合と同様に定義することができる．偶然手番を導入した場合，純戦略，混合戦略，行動戦略により各頂点に到達する確率分布が定まり，期待利得が計算できる．ただし，各頂点の到達確率は，その頂点に到達するプレイ上の偶然手番 c において，各選択肢 e をとる確率 $p_c(e)$ から求められる．すなわち，混合戦略 $(q_1, q_2, \cdots, q_n)$ に対し，期待利得は，

$$H_i^{'}(q_1, q_2, \cdots, q_n)$$
$$= \sum_{\pi_0 \in \Pi_0} \sum_{\pi_1 \in \Pi_1} \cdots \sum_{\pi_n \in \Pi_n} \left(\prod_{k=0}^{n} q_k(\pi_k) \right) h_i(w(\pi_0, \pi_1, \cdots \pi_n))$$

と表される．ここで Π_0 は偶然手番をプレイヤーと考えたときの純戦略の集合であり，$q_0(\pi_0)$ は各純戦略の生ずる確率を表す．さらに，$\pi_0(c)$ によって手

番 c における純戦略 π_0 の指示する選択肢を表すとき $q_0(\pi_0) = \prod_{c \in P_0} p_c(\pi_0(c))$ となる．w は π_0 にも依存していることに注意が必要である．また，行動戦略 $(b_1, b_2, \cdots, b_n)$ に対し，期待利得は，

$$\hat{H}'_i(b_1, b_2, \cdots, b_n) = \sum_{w \in W} \prod_{e' \in E_0(w)} p_{c(e')}(e') \prod_{k=1}^{n} \prod_{e \in E_k(w)} b_k(e) h_i(w)$$

と表される．ここで W は頂点の集合，$E_0(w)$ は w に至るプレイ上でとられる偶然手番の選択肢の集合，$c(e')$ は選択肢 $e' \in E_0(w)$ に対応する手番を表す．

図7.1は偶然手番のある展開形ゲームの例である．初めに偶然手番 P_0 が選択肢 a を $\frac{1}{2}$ の確率でとり，選択肢 b を $\frac{1}{2}$ の確率でとる．さらにプレイヤー A は偶然手番の選択結果を知った上で，情報集合 A_1 において選択肢 c をとるか選択肢 d をとるかを決定し，情報集合 A_2 において選択肢 c' をとるか選択肢 d' をとるかを決定する．プレイヤー B は A の選択結果を知った上で，情報集合 B_1 および B_2 において選択肢 e か f あるいは選択肢 e' か f' を決定する．このとき，プレイヤー B は偶然手番の選択結果を知ることができない．

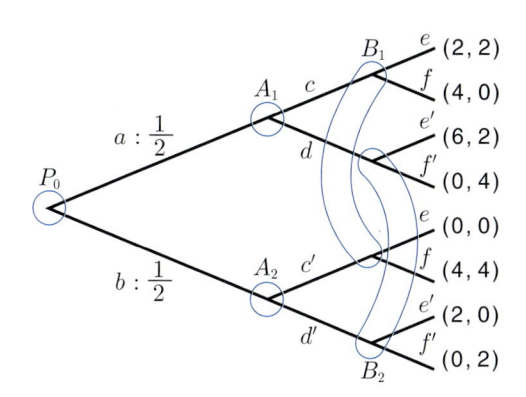

図 7.1 **偶然手番のあるゲーム**

プレイヤー A が行動戦略 $\left(A_1 : (\frac{1}{3}, \frac{2}{3}),\ A_2 : (\frac{2}{3}, \frac{1}{3})\right)$ をとり，プレイヤー B が行動戦略 $\left(B_1 : (\frac{1}{2}, \frac{1}{2}),\ B_2 : (1, 0)\right)$ をとるとき，各頂点の到達確率は上から順に

$(\frac{1}{12}, \frac{1}{12}, \frac{1}{3}, 0, \frac{1}{6}, \frac{1}{6}, 0)$ となる.この結果,これらの行動戦略の組に対する A,B それぞれの期待利得は,$\frac{7}{2}, \frac{3}{2}$ となる.

● 偶然手番のあるゲームの標準化

偶然手番のある展開形ゲームも,前章と同様に戦略形ゲームに変換することができる.このゲームを戦略形ゲームに変換すると表7.1 のようになる.

表 7.1 偶然手番のあるゲームの戦略形表現

A(A_1 での選択, A_2 での選択) \ B(B_1 での選択, B_2 での選択)	e,e'	e,f'	f,e'	f,f'
c,c'	1,1	1,1	4,2	4,2
c,d'	2,1	1,2	3,0	2,1
d,c'	3,1	0,2	5,3	2,4
d,d'	4,1	0,3	4,1	0,3

このようにして,戦略と利得(期待利得)の関係が定まれば,前章と同様にしてナッシュ均衡,サブゲーム完全均衡などを求めることができる.このゲームの純戦略ナッシュ均衡は 2 つあり,$((c,c'),(f,f'))$ と $((c,d'),(e,f'))$ である.図7.1 のゲームには元のゲーム以外にサブゲームはないのでサブゲーム完全均衡とナッシュ均衡が一致する.

7.2 完全ベイジアン均衡

● 情報集合と信念

本節では,不確実性のある状況における代表的な解の概念を説明しよう.

まず,図7.2 のような展開形ゲームを考える.このゲームにおいても初めに偶然手番 P_0 があり,選択肢 a か b をそれぞれ $\frac{1}{2}$ の確率で選択する.プレイヤー A はその結果を知って情報集合 A_1 においては選択肢 c か d を選択する.

7.2 完全ベイジアン均衡

また，A_2 においては選択肢 c' か d' を選択する．プレイヤー A が c あるいは c' を選択したときのみ，プレイヤー B は選択肢 e か f を選択するが，このとき，B は偶然手番の選択を知ることができない．このゲームにも元のゲーム以外にサブゲームはないので，ナッシュ均衡とサブゲーム完全均衡は一致する．

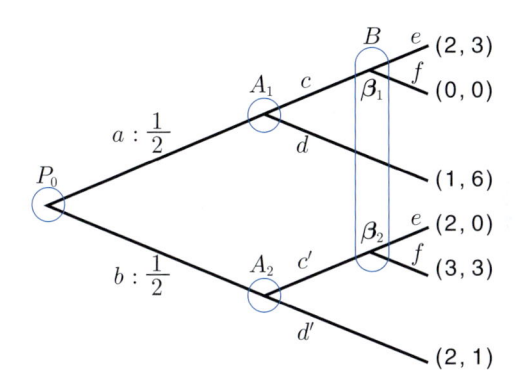

図 7.2 展開形ゲームと完全ベイジアン均衡

このゲームにおいて，プレイヤー B は情報集合 B における 2 つの手番 β_1，β_2 に対し，確率分布を与えることとする．プレイヤー A のとる行動戦略を $(A_1:(p,1-p), A_2:(q,1-q), (0\leq p\leq 1, 0\leq q\leq 1))$ とすると，$p=q=0$ のときを除いて，情報集合 B における各手番 β_1，β_2 の条件付き確率分布は，ベイズの定理より $\left(\frac{p}{p+q}, \frac{q}{p+q}\right)$ と計算することができる（ベイズの定理については岡田 [21] 参照）．この各手番の確率分布を情報集合 B におけるプレイヤー B の信念と呼ぶ．

完全ベイジアン均衡点を定義するためには行動戦略と各プレイヤーの持つ信念の組を考える必要がある．なお，手番を 1 つしか持たない情報集合における信念（確率分布）は常に 1 であるので，そのような情報集合における信念は省略することが多い．

このような展開形ゲームにおいて，各プレイヤーは自分の持つ信念，すなわち手番の確率分布に基づいて期待利得を最大化すると考えるのが自然である．

一方,信念は一般的にどのように計算するのが自然であろうか. 行動戦略の組が与えられたとき,始点から出発し,ある正の確率で終点に到達する手番と選択肢の系列を到達可能なパスと呼ぶ. 到達可能なパス上に現れる情報集合を到達可能な情報集合と呼ぶ. 到達可能な情報集合上では,その情報集合に至るパス上の手番における局所戦略や偶然手番における選択肢の確率分布 p_c を基にして,各手番の信念を条件付き確率として,ベイズの定理から計算することができる. 図7.2において,A_1, A_2 での c, c' をとる確率 p, q がどちらもゼロでない限り情報集合 B は到達可能である.

● 整合的な信念と完全ベイジアン均衡

それでは図7.2のゲームにおいて,プレイヤーの整合的な信念を計算してみよう.

プレイヤー A が行動戦略 $(A_1:(1,0),\ A_2:(\frac{1}{2},\frac{1}{2}))$ をとると仮定する. そのとき,情報集合 B における手番 β_1, β_2 の条件付き確率分布は $(\frac{2}{3}, \frac{1}{3})$ であるから,それがプレイヤー B の信念となる. この確率分布の下で,選択肢 e の与える B の期待利得は 2,選択肢 f の与える期待利得は 1 であるから,期待利得を最大化する選択肢は e である.

以上の条件の下で,情報集合 A_1 において c の与える A の利得は 2 であり,d の与える利得は 1 であるから,A_1 における最適な局所戦略は c であり,初めの仮定と整合的である. 情報集合 A_2 において c' の与える A の利得は 2 であり,d' の与える利得は 2 であるから,任意の局所戦略は A_2 における最適戦略となるので,これも初めの仮定と整合的である. 以上から,A の行動戦略 $(A_1:(1,0),\ A_2:(\frac{1}{2},\frac{1}{2}))$,B の行動戦略 $(B:(1,0))$ と B の信念 $(\frac{2}{3}, \frac{1}{3})$ は互いに整合的な信念,信念の下での期待効用最大化戦略の組であることがわかる. すなわち,他のプレイヤーの戦略や信念を所用して相互に期待効用最大化をしているので,ナッシュ均衡の性質も満たしている. これを完全ベイジアン均衡と呼ぶ.

さらに,A が行動戦略 $(A_1:(0,1),\ A_2:(1,0))$ をとると仮定する. そのとき,

7.2 完全ベイジアン均衡

B の信念は $(0,1)$ となり，B の最適な局所戦略は f となる．A の行動戦略はこれを前提とすると最適な反応となっているので，A の行動戦略 $(A_1:(0,1), A_2:(1,0))$，B の行動戦略 $(B:(0,1))$ と B の信念 $(0,1)$ はやはり整合的となり，完全ベイジアン均衡となる．

● **完全ベイジアン均衡**

以上の概念を整理して以下に定義しよう．

> ● **定義：完全ベイジアン均衡**
>
> **完全ベイジアン均衡**とは次の性質 (1) (2) を満たす，各プレイヤーの行動戦略 $(b_i)_{i \in N}$ とすべての情報集合における信念 $(q_i^u)_{u \in U_i, i \in N}$ の組である．
>
> **(1)** 各行動戦略 $(b_i)_{i \in N}$ の与える各情報集合 u における局所戦略は，その情報集合 u において信念 $(q_i^u)_{u \in U_i, i \in N}$ に基づく期待利得を最大化している．ただし，その情報集合 u 以外の各手番における各選択肢をとる確率は，行動戦略 $(b_i)_{i \in N}$ および偶然手番における選択肢の確率分布 p_c により定まっているものとする．
>
> **(2)** 行動戦略 $(b_i)_{i \in N}$ の組に対し，到達可能な情報集合における信念 $(q_i^u)_{u \in U_i, i \in N}$ は，情報集合内の各手番に至るパス上の局所戦略および p_c からベイズの定理を用いて計算される条件付き確率である．到達可能でない情報集合では任意の確率分布を信念とする．

完全ベイジアン均衡の行動戦略の組は到達可能でない情報集合を含め，すべての情報集合において期待利得を最大にする局所戦略を与え，ナッシュ均衡となる．

図 7.2 のゲームには，上記以外にも完全ベイジアン均衡が存在する．それらをすべて計算すると表 7.2 のようになる．読者は自らこの結果を確かめていただきたい．

表 7.2　図 7.2 のゲームの完全ベイジアン均衡

A_1 での選択	A_2 での選択	B での選択	B の信念
(0,1)	(1,0)	(0,1)	(0,1)
(1,0)	$(q,1-q),(0\leq q\leq 1)$	(1,0)	$(\dfrac{1}{1+q},\dfrac{q}{1+q})$
(1,0)	(1,0)	$(r,1-r),(\dfrac{1}{2}\leq r\leq 1)$	$(\dfrac{1}{2},\dfrac{1}{2})$

7.3　脅し戦略とサブゲーム完全均衡，完全ベイジアン均衡
―― 経済学的応用例

● 脅し戦略と脅し均衡

ここで，展開形ゲームの一つの経済学的応用例を紹介しよう．次の図 7.3 の展開形ゲームを見ていただきたい．

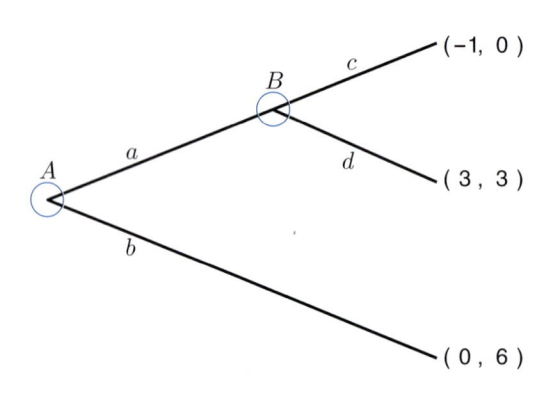

図 7.3　脅し均衡とサブゲーム完全均衡

このゲームは完全情報ゲームであり，後ろ向き帰納法でサブゲーム完全均衡を求めると $((A:a),(B:d))$ となる．一方これを戦略形ゲームに変換すると次の表 7.3 のようになる．

7.3 脅し戦略とサブゲーム完全均衡，完全ベイジアン均衡——経済学的応用例

表 7.3 図 7.3 のゲームの戦略形表現

A \ B	c	d
a	$-1,0$	$3,3$
b	$0,6$	$0,6$

このゲームのナッシュ均衡は (b,c) と (a,d) の 2 つになる．このうち，(b,c) はサブゲーム完全均衡でないナッシュ均衡である．この (b,c) においてはプレイヤー B の非合理な行動が含まれていることに注意してほしい．このナッシュ均衡において，B は純戦略 c をとることになっているがそれは対応する部分ゲームにおいて，利得を最大化する戦略ではない．A は B が戦略 c をとることを前提として戦略 b を選んでいる．すなわち A は B が非合理な選択 c をとることを信じていると考えることができる．言い換えると，B は自分の利得を下げる戦略をとると脅しをかけることに成功し，A がそれを信じて戦略 b をとっていると解釈することができる．この意味で，B の戦略 c を脅し戦略と呼び，このナッシュ均衡 (b,c) を脅し均衡と呼ぶ．

脅し戦略では，プレイヤーが自分の利得を下げるという非合理な行動が含まれているが，その戦略をとる手番がゲームのプレイとして実現されないため，ナッシュ均衡の意味では双方が合理的な選択をしていることになる．逆に言うと，ナッシュ均衡では，ゲームのプレイとして実現する手番においてのみ合理的な選択を要請する戦略の組と考えることができる．

● 市場参入ゲーム

ここまで説明したゲームは，次のような経済学的問題として解釈することができる．プレイヤー B をある市場の既存企業，プレイヤー A をその市場への参入を考えている新規参入企業とする．プレイヤー A が市場に参入しない（戦略 b）ときには A はその市場から利益を獲得できず 0 を得る．一方，プレイヤー B はその市場を独占しているために利益 6 を得る．A が参入（戦略 a）を選択すると B はそれを受け入れて共存戦略（戦略 d：例えば独占価格の維持）をとるか，自

分の利益減少も顧みず，攻撃戦略 (戦略 c：例えば強引な価格引き下げ) をとるかを選択する．B が共存戦略 d をとった場合には両者は同じ利益 3 を得る．B が攻撃戦略 c をとると B の利益はゼロになるが，A の利益は -1 になる．図 7.3 の展開形ゲームはこのような状況を表現していると考えられる．

このとき，サブゲーム完全均衡では A は参入し，B はそれを受け入れることを示しているが，脅し均衡では B の脅しが功を奏し，A は参入しないことを示している．しかしながら，時間的には A が先に選択しているので，B が果たして A が参入した場合に共存戦略をとるか攻撃戦略をとるかは明白ではない．逆に，そのためには B は攻撃戦略をとることを A に十分信じさせることが必要となる．それが可能か否かがこの議論の重要なポイントである．さらに重要なことは，この手番の時間的順序が両プレイヤーの共有知識であることである．一方このような手番の前後は両者ともわからないかもしれない．このような状況を分析するために次の図 7.4 のゲームを導入しよう．

● 手番の前後がわからない市場参入ゲーム

次の図 7.4 のゲームでは，プレイヤー A が参入する以前に，プレイヤー B が攻撃戦略 c をとるか共存戦略 d をとるかを決定することのできる可能性が考慮されている．すなわち，すでに脅し戦略 c を選択したらそれを変更できず，た

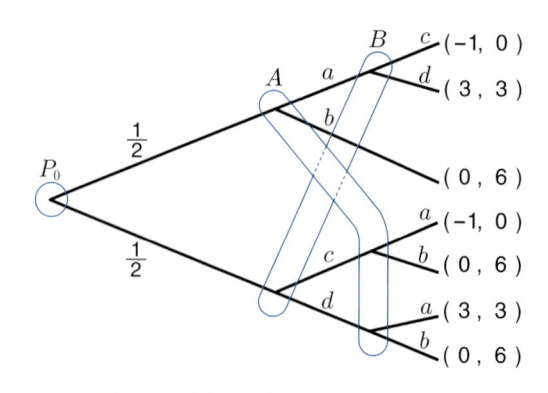

図 7.4　手番の前後がわからないゲーム

とえ自分の利得が下がる可能性があることがわかっていてもその戦略を実行しなければならない状況を考慮している．

このゲームでは，A の手番と B の手番の前後が確率 $\frac{1}{2}$ で決まる．A が最初の手番のときには，図 7.3 と同じゲームであるが B が最初の手番のときには，先に攻撃戦略 c か共存戦略 d を選択し，その選択結果を知らずに A が参入 a か非参入 b を選択しなければならない．もちろん，A も B も自分が最初の手番であるのか 2 番目の手番であるのかを知らずに意思決定をしなければならない．

● 完全ベイジアン均衡の計算

このゲームの完全ベイジアン均衡を計算してみると次のようになる．

プレイヤー A の行動戦略（混合戦略）を $(p, 1-p)$，プレイヤー B の行動戦略（混合戦略）を $(q, 1-q)$ とすると A における A の信念は $(\frac{1}{2}, \frac{q}{2}, \frac{1-q}{2})$ となり，B における B の信念は $(\frac{p}{1+p}, \frac{1}{1+p})$ となる．ただし，ここでは，情報集合 A に対し，上から順に 3 つの手番に対し確率 $\frac{1}{2}, \frac{q}{2}, \frac{1-q}{2}$ を与えることを示しており，情報集合 B に対しても同様である．これらの要素を基に完全ベイジアン均衡を計算すると表 7.4 のようになる．

表 7.4 図 7.4 のゲームの完全ベイジアン均衡

A での選択	B での選択	A の信念	B の信念
$(1,0)$	$(0,1)$	$(\frac{1}{2}, 0, \frac{1}{2})$	$(\frac{1}{2}, \frac{1}{2})$
$(0,1)$	$(q, 1-q), (\frac{3}{4} \leq q \leq 1)$	$(\frac{1}{2}, \frac{q}{2}, \frac{1-q}{2})$	$(0,1)$

この第 1 行の完全ベイジアン均衡は，A が参入し，B が共存戦略をとるという完全情報ゲームの場合のサブゲーム完全均衡に対応している．第 2 行の完全ベイジアン均衡では，B が $\frac{3}{4}$ 以上の確率で脅し戦略をとることを示している．これは，B の利得最大化行動と整合的であるので，信憑性のある脅しと言うことができる．

ナッシュ均衡から導かれる信憑性に欠ける脅し戦略を手番の順序の前後とい

う形でモデルに取り込み，新しいモデルを作ることにより，このゲームでは脅し戦略をとることが自分の利得最大化行動と矛盾せず，Aが非参入，Bが脅しをとるという完全ベイジアン均衡によって説明することができた．ただしBの信念 $(0,1)$，すなわちAが非参入という強い確信が必要なことに注意しておく．

最後にこの計算方法を確認しておこう．

Aが局所戦略 $(1,0)$ をとるとBの信念が $(\frac{1}{2},\frac{1}{2})$ になることはただちにわかる．このとき，これを基にすると，Bの局所戦略 c に対する利得は 0，d に対する利得は 3 であるので局所戦略 $(0,1)$ が最適である．これらを前提にAの信念を計算すると $(\frac{1}{2},0,\frac{1}{2})$ となる．このときAの局所戦略 $(1,0)$ は最適となる．これで，第1行の組が完全ベイジアン均衡を構成することを示すことができた．

続いて，Aが局所戦略 $(0,1)$ をとるとBの信念は $(0,1)$ になる．このとき，これを基にすると，Bは戦略 c をとっても d をとっても利得 6 を獲得するので，任意の局所戦略 $(q,1-q)$ が最適となる．これらを前提にAの信念を計算すると $(\frac{1}{2},\frac{q}{2},\frac{1-q}{2})$ となる．このときAが純戦略 a をとると利得 $3-4q$ を獲得し，b をとると利得 0 を獲得するので，Aの局所戦略 $(0,1)$ が最適となるためには $3-4q\leq 0$ でなければならない．したがって，$\frac{3}{4}\leq q$ を得て，第2行の完全ベイジアン均衡を求めることができた．これ以外に完全ベイジアン均衡がないことは，読者自ら計算していただきたい．

このモデルより，完全ベイジアン均衡の有用性の一端を理解していただけるものと信じている．

繰り返しゲーム 8

　繰り返しゲームとは，同じ戦略形ゲームが何回も繰り返されるゲームであり，各回のゲームの後に，そのゲームでとられたプレイヤーの行動が全員に知らされる．この繰り返しが有限の場合と無限の場合があり，有限繰り返しゲームは展開形ゲームの応用と考えられる．しかし無限繰り返しゲームでは，様々な新しい定義が必要である．

　本章では，囚人のジレンマゲームを例に取り，そのゲームを毎回繰り返すゲームの定義を示し，ゲームの無限繰り返しが，囚人のジレンマを解決する可能性があることを示そう．

> **講義のポイント**
> ●繰り返し囚人のジレンマ　●繰り返し n 人ゲーム　●有限繰り返しゲームのナッシュ均衡　●無限繰り返しゲーム　●無限繰り返しゲームのサブゲーム完全均衡　●フォーク定理　●永久懲罰戦略　●しっぺ返し戦略　●サブゲーム完全均衡の多様性

8.1 繰り返し囚人のジレンマ

以下の利得行列(表8.1)は，第1章で取り上げた囚人のジレンマを再掲したものである．ただし，戦略をC(黙秘)，D(自白)とし，またすべての利得に5を加えてマイナスの利得がないように修正している．

表 8.1 囚人のジレンマ・修正

1＼2	C	D
C	4,4	0,5
D	5,0	1,1

この囚人のジレンマを10回繰り返すことを考えよう．1回ごとのゲームの後，そのゲームにおける2人の選択が双方に知らされ，その後，各自が再び独立に選択を行う．これが10回繰り返される．各自の利得は各回のゲームの利得の合計である．

これを1つの展開形ゲームとして表したとき，各プレイヤーの純戦略の数はどのくらいあるのであろうか．

回数を増やすごとに，情報集合の数は指数的に増えていく．例えば3回繰り返しゲームにおけるプレイヤーの純戦略の数を考えよう．それは$CCC, CCD, CDC, \cdots$などの$2^3 = 8$通りではない．2回目のゲームの選択は1回目の4通りの選択結果$(C,C), (C,D), (D,C), (D,D)$を知らされた後に$C$か$D$を選択するので，それらすべての状況に対する行動計画の総数は$2^4 = 16$通りとなる．3回目のゲームにおいて，2回目までの可能な選択結果は$((C,C), (C,C)), ((C,C), (C,D)), ((C,D), (C,D)), \cdots$など$2^4 = 16$通りあり，それらの結果を知った後に選択するので，行動計画の総数は2^{16}となる．各回の行動は独立に決定できるので，このゲームにおける純戦略の総数は$2 \times 2^4 \times 2^{16} = 2^{21}$となる．ただし，これには実現しない純戦略「第1回目はC，第2回目は(D,D)に対して

$C\cdots$」のような行動計画も含まれている[注].また,他の人のどのような戦略に対しても同じ利得を与える戦略,すなわち,その意味で同値な戦略も多数含まれている.しかしながら,そのような純戦略すべてを除いたとしても,$2^3 = 8$ 通りよりずっと多い.

このゲームのサブゲーム完全均衡は次のようにして求めることができる.第3回目のゲームに対応する利得を考慮すると,常にその回における選択が D が C を支配しているので,対応する各情報集合では D をとったほうがよい.さらに,それらがすべて定まっているとき,第2回目のゲームにおいてもその回に対応する利得だけを考えればよいので,同じ理由で,対応する情報集合では D をとったほうがよい.これらが定まっているので,第1回目のゲームも同じ理由で,対応する情報集合では D をとったほうがよい.すなわち,すべての情報集合において D を選択することがこの繰り返しゲームのサブゲーム完全均衡となる.言い換えれば,同じゲームを単純に繰り返すだけでは囚人のジレンマは解決されない.

以下では,このような繰り返しゲームを数学的に定式化していこう.

8.2 有限繰り返しゲームの定義

繰り返し n 人ゲーム

初めに,$G = \langle N, \{A_i\}_{i \in N}, \{g_i\}_{i \in N} \rangle$ を戦略形 n 人ゲームであるとする.ここで,A_i はプレイヤー i のこのゲームの純戦略の集合であり,その要素を $a_i \in A_i$ で表す.また,g_i は利得関数である.この戦略形ゲームを有限回繰り返すことを考える.なお,このとき,繰り返しゲームの定義と区別するため,戦略形ゲーム G を成分ゲーム,G の純戦略を行動と呼ぶことにする.各プレイヤーの行動の組を $a = (a_1, a_2, \cdots, a_n)$ と表し,行動の組の集合を $A = A_1 \times A_2 \times \cdots \times A_n$

[注] 第1回目が C のとき,第2回目で自分のとった選択肢 C に対する行動計画を立てれば十分であるが,ここでは,そのときに起こり得ない (D,D) に対する行動計画も勘案している.

で表す.

　成分ゲームが T 回繰り返されるゲームを考える.このとき,A の t 個の直積集合 $A^t = A \times A \times \cdots \times A$ (t 回) の要素 a^t は,行動の組の列である.その列を t 回目(あるいは t 期)までの履歴と呼ぶ.各プレイヤーの $t+1$ 回目の成分ゲームの行動はそれまでの履歴を基に決定される.

　各プレイヤーの純戦略は,それ以前の履歴を基にして各プレイヤーの各期の行動を指定する関数の集まりである.すなわち,プレイヤー i の純戦略を $s_i = \{s_i^t\}_{t=1}^T$ とすると,各 $t = 1, 2, \cdots, T$ に対し,s_i^t は A^{t-1} から A_i への関数である.ここで,A^0 は空な履歴の集合を表している.

　さらに,各プレイヤーの純戦略の組 $s = (s_1, s_2, \cdots, s_n)$ を与えるとそれによって各回の行動と履歴が定まり,行動の組の列が定まる.この行動の組の列を $a(s) = (a^1(s), a^2(s), \cdots, a^T(s))$ と表すことにする.その結果定まる利得の平均値をこの繰り返しゲームの利得とする.すなわち,利得関数 $f_i(s)$ は

$$f_i(s) = \frac{1}{|T|} \sum_{t=1}^T g_i(a^t(s))$$

となる.さらに,s_i の集合を S_i で表す.このようにして,G を成分ゲームとする繰り返し n 人ゲーム $\langle N, \{S_i\}_{i \in N}, \{f_i\}_{i \in N} \rangle$ を定義することができる.

　この繰り返しゲームは展開形ゲームとしても表現することができる.このとき,繰り返しゲームの履歴と展開形ゲームの情報集合は同値である.すなわち,1 つの履歴が各プレイヤーのそれぞれ 1 つの情報集合に対応する.また,成分ゲームの行動が,展開形ゲームの局所純戦略に対応し,繰り返しゲームの戦略が,展開形ゲームの純戦略に対応する.したがって,この繰り返しゲームのサブゲーム完全均衡を自然に定義することができる.

　T 回繰り返し囚人のジレンマゲームのサブゲーム完全均衡はすべての履歴に対して行動 D を与える戦略すなわち,$N = \{1, 2\}, s = (s_1, s_2), s_i = (s_i^1, s_i^2, \cdots, s_i^T)$ とするとき,

$$s_i^t(a^{t-1}) = D \quad \forall i = 1, 2, \; \forall t = 1, 2, \cdots, T, \; \forall a^{t-1} \in A^{t-1}$$

となる．ここで，$A=\{C,D\}\times\{C,D\}$ である．

● **有限繰り返しゲームのナッシュ均衡**

それでは，サブゲーム完全均衡ではないナッシュ均衡はどうであろうか．成分ゲームのパレート最適な協調利得 $(4,4)$ を実現するようなナッシュ均衡はあるのだろうか．これについては次の定理が知られている．

> **定理 8.1**
>
> 成分ゲーム G の各プレイヤー i に対し，次のミニマックス利得 $m_i(G)$ を以下のように定義する．
>
> $$m_i(G) = \min_{a_{-i}} \max_{a_i} g_i(a_i, a_{-i}).$$
>
> この値 $m_i(G)$ が成分ゲームにおける唯一のナッシュ均衡利得に一致するとき，履歴に関係なく成分ゲームのナッシュ均衡戦略をとる行動の系列の組のみが有限繰り返しゲームのナッシュ均衡となる．

証明

岡田 [22] または Osborne and Rubinstein [23] 参照．

囚人のジレンマでは，$m_i(G) = \min_{a_{-i}=C,D} g_i(D, a_{-i}) = g_i(D,D)$ であるから，定理 8.1 の条件を満たすので，任意の回数の繰り返しゲームに範囲を広げても，成分ゲームの支配戦略 D の繰り返しのみがナッシュ均衡となる．

一方，成分ゲームのナッシュ均衡が 2 つある場合には，この定理は成り立たない．囚人のジレンマにもう一つの均衡戦略を導入することで協調関係が生ずる可能性がある．

表 8.2 の変形された囚人のジレンマゲームを考えよう．このゲームの戦略 E は常に自分と相手に -1 の利得を与える戦略で，(E, E) は成分ゲームのナッシュ均衡となる．このゲームの 2 回繰り返しゲームにおいて次の戦略を考えよう．

表 8.2 変形された囚人のジレンマ

1＼2	C	D	E
C	4, 4	0, 5	$-1,-1$
D	5, 0	1, 1	$-1,-1$
E	$-1,-1$	$-1,-1$	$-1,-1$

$i=1,2$ に対し，$s_i^1 = C$, $s_i^2(C,C) = D$,

$(a_1', a_2') \neq (C,C)$ のとき $s_i^2((a_1', a_2')) = E$.

　この戦略の組はナッシュ均衡であり，サブゲーム完全均衡でもある．読者自ら確かめていただきたい．

　このように，成分ゲームのナッシュ均衡が成分ゲームで一意とならないように拡張を行うと，1 回限りではあるがサブゲーム完全均衡として成分ゲームのパレート最適な協調利得の組 (4,4) を達成することが可能になる．ただし，このようなゲームを考えてもすべての回で (C,C) を導くことはできない．また，常に D という戦略の組もナッシュ均衡かつサブゲーム完全均衡となることに注意しておく．

8.3 無限繰り返しゲームの定義

● 無限繰り返しゲーム

　次に，無限繰り返しゲームを定式化しよう．基本的には，有限繰り返しの回数 T を無限にすればよいが，利得関数に新たな考慮が必要である．

　$G = \langle N, \{A_i\}_{i \in N}, \{g_i\}_{i \in N} \rangle$ を有限繰り返しゲーム同様，**成分ゲーム**とする．各プレイヤーの行動の組の集合を $A = A_1 \times A_2 \times \cdots \times A_n$ と表すとき，成分ゲームが無限に繰り返されるゲームを考える．このとき，A の t 個の直積集合 $A^t = A \times A \times \cdots \times A$ (t 回) の要素 (行動の組の列) として t 回目 (あるいは t 期

までの履歴 a^t を同様に定義する．各プレイヤーの純戦略は，それ以前の履歴を基にした各プレイヤーの各回の行動を指定する関数の集まりであるので，プレイヤー i の純戦略 s_i は無限個の関数の集まり(列)となる．すなわち，$s_i = \{s_i^t\}_{t=1}^{\infty}$ とすると，各 $t = 1, 2, \cdots$ に対し，s_i^t は A^{t-1} から A_i への関数である．ここで，A^0 は空な履歴の集合である．

各プレイヤーの戦略の組 $s = (s_1, s_2, \cdots, s_n)$ を与えるとそれによって各回の行動と履歴が定まり，行動の組の無限列が定まる．この行動の組の列を $a(s) = (a^1(s), a^2(s), \cdots)$ と表すことにする．その結果定まる繰り返しゲームの利得は，無限列を対象とするので単純には決められない．その代表的な基準は次の平均値の下限である．すなわち，利得関数 $f_i(s)$ は

$$f_i(s) = \liminf_{T \to \infty} \frac{1}{|T|} \sum_{t=1}^{T} g_i(a^t(s))$$

である．本節ではこの基準を採用する．

この他にもいくつかの基準があり，その一つは割引利得と呼ばれるものである．利得関数 $f_i'(s)$ は

$$f_i'(s) = \lim_{T \to \infty} \sum_{t=1}^{T} \delta^{t-1} g_i(a^t(s))$$

で与えられる．ここで，δ $(0 < \delta < 1)$ は利得の割引率であり，将来得る利得の現時点での評価(将来利得の現在価値)を求めるために用いられる．ここでのほとんどの議論は，割引利得を用いても成立するが，定理の記述が割引率 δ に依存するので，証明がやや複雑になる．

その他の基準もあるが，詳細については Osborne and Rubinstein [23] を参照していただきたい．

● 無限繰り返しゲームのサブゲーム完全均衡

この繰り返しゲームも展開形ゲームのように表すことができるが，無限に続

くゲームであるので，有限な展開形ゲームのサブゲーム完全均衡の定義をそのまま適用することができない．このゲームのサブゲーム完全均衡を次のように定義する．

初めに任意の t 回目までの履歴 $h^t = (a^1, a^2, \cdots, a^t)$ を考え，その履歴からスタートする無限繰り返しゲームを考える．これを履歴 h^t を始点とするサブゲームと呼ぼう．元の繰り返しゲームのプレイヤー i の純戦略を $s_i = (s_i^1, s_i^2, \cdots)$ とするとき，そのサブゲームの純戦略は自然に導入され，s_i の $t+1$ 期以降の関数であり，しかも，t 期までの履歴はすでに定まっているので，そのような制限された履歴の集合上で定義される．それを $s_i|_{h^t} = ((s_i|_{h^t})^1, (s_i|_{h^t})^2, \cdots)$ と書くことにする．

このサブゲームにおける任意の履歴 $(b^1, \cdots, b^m)$ に対し，元のゲームの履歴 $(h^t, b^1, \cdots, b^m)$ が対応するので，形式的には，$m = 1, 2, \cdots$ に対し，

$$(s_i|_{h^t})^m(b^0, b^1, \cdots, b^{m-1}) = s_i^{m+t}(h^t, b^1, \cdots, b^{m-1})$$

で定義される．ここで b^0 はサブゲームにおける空な履歴を表している．ここで定義された $s_i|_{h^t} = ((s_i|_{h^t})^1, (s_i|_{h^t})^2, \cdots)$ が h^t を始点とするサブゲームの純戦略となる．この定義において，ある無限繰り返しゲームの戦略の組がすべての履歴を始点とするサブゲームにおけるナッシュ均衡を導くとき，サブゲーム完全均衡と呼ぶ．

8.4 囚人のジレンマの解決

● フォーク定理

囚人のジレンマにおけるパレート最適な協調利得は，無限繰り返しゲームのナッシュ均衡として実現される．その事実はフォーク定理と呼ばれる定理として知られている．フォーク（folklore；民間伝承）定理と呼ばれる理由は，この有名な定理は昔から研究者の間でよく知られていたものの，誰が初めに証明した

のかわからなかったからである．

協調行動 (C,C) を維持するためにはプレイヤーの処罰行動が必要で，その処罰に信憑性を持たせるためには，すべての起こり得る状況での合理的な行動，すなわちサブゲーム完全性が必要である．そこでここでは，サブゲーム完全均衡によって (C,C) を実現することを考える．

サブゲーム完全均衡は当然ナッシュ均衡でもあるので，この定理はフォーク定理の拡張になっている．サブゲーム完全均衡のケースとナッシュ均衡のケースを区別するため，サブゲーム完全均衡による定理を「完全フォーク定理」と呼ぶ場合がある．ここでは 2 人囚人のジレンマに基づいて定理を説明しているが，この結果を n 人囚人のジレンマに拡張することも可能である．

定理 8.2

2 人囚人のジレンマの無限繰り返しゲームにおいて，囚人のジレンマの (C,C) を双方の行動としてとり続けるサブゲーム完全均衡が存在する．

証明

次のような純戦略 s_i を考える．まず，履歴として (C,C) が続く次の特別な履歴

$$c^t = ((C,C),(C,C),\cdots,(C,C)) \in A^t$$

を考える．このとき，s_i は，$t \geq 1$ とし，c^0 を空な履歴としたとき

$$s_i^t(c^{t-1}) = C, \quad a^{t-1} \neq c^{t-1} \text{ のとき } s_i^t(a^{t-1}) = D$$

で与えられる．この戦略の組はナッシュ均衡である．なぜなら，この戦略の組の与える行動の列は (C,C) となりその繰り返しゲームの利得は 4 となる．もしいずれかの期に，プレイヤー 1 がこの戦略から逸脱し行動 D をとると，その後はプレイヤー 2 の行動は常に D となる．したがって，有限回の (C,C) の後，1 期の (D,C) が起こり，1 の成分ゲームでの利得は増えるが，その後はプレイヤー 2 は行動 D をとり続けるので，無限に (D,D) か (C,D) が続くことになり，繰り返しゲームの利得は 1 以下となる．したがって戦略の変更により利得を大きくすることはできない．プレイヤー 2 に

ついても同じ議論が成り立つ．

　この戦略の組は，任意の履歴から始まるサブゲームにおいてもナッシュ均衡となるのでサブゲーム完全均衡である．その理由は次のようである．まず，以前に少なくとも 1 人が D をとったことのある履歴から出発するサブゲームでは，2 人とも D をとり続けるので，元の戦略から導入されたサブゲームの戦略の組はナッシュ均衡である．(C,C) が継続してきた履歴から出発するサブゲームでは，全体の繰り返しゲームと同じ状況が生じているのでやはり導入された戦略の組はナッシュ均衡となる．（証明終）

● 永久懲罰戦略

　ここで説明したサブゲーム完全均衡を導く戦略は，一度相手が D をとると，自分も D をとり，C をとり直すことは永久にないので，永久懲罰戦略あるいはトリガー戦略と呼ばれることがある．

　この定理は，成分ゲームにより多くの行動があるゲームにも拡張され，任意の行動の組で各プレイヤー i の利得が成分ゲームのミニマックス利得 $m_i(G)$ 以上である場合，その行動の組の繰り返しが，ナッシュ均衡で導かれることも証明されている（岡田 [22]，Osborne and Rubinstein [23] 参照）．この一般化された定理をフォーク定理という場合もある．

● しっぺ返し戦略

　永久懲罰戦略とは異なる，しっぺ返し戦略（オウム返し戦略）と呼ばれる戦略で (C,C) の繰り返しを維持することも可能である．それは，第 1 期は C をとり，以下，前期の相手の戦略と同じものをとるということを繰り返すという戦略である．この戦略は社会学，進化理論などにおいて特別な意味を持っており，それについては Axelrod [3] を参照していただきたい．

● サブゲーム完全均衡の多様性

　以上のように，永久懲罰戦略により囚人のジレンマのパレート最適な協調利得 (4,4) を実現することができた．しかしながら，これにはいくつか注意すべ

8.4 囚人のジレンマの解決

き点がある．このサブゲーム完全均衡は唯一のものでない．例えば常に行動 D をとり続ける戦略の組もサブゲーム完全均衡である．実は，サブゲーム完全均衡は無数存在し，成分ゲームの任意の混合戦略の組で，(D, D) より大きい利得を与えるものに，いくらでも近い利得をもたらすサブゲーム完全均衡が存在する．すなわち，成分ゲームの利得を図8.1で表示するとき，$m_1(G) = m_2(G) = 1$ であり，図の網かけ部分で表されたすべての利得の組に対し，十分近い利得を実現する無限繰り返しゲームのサブゲーム完全均衡が存在する．

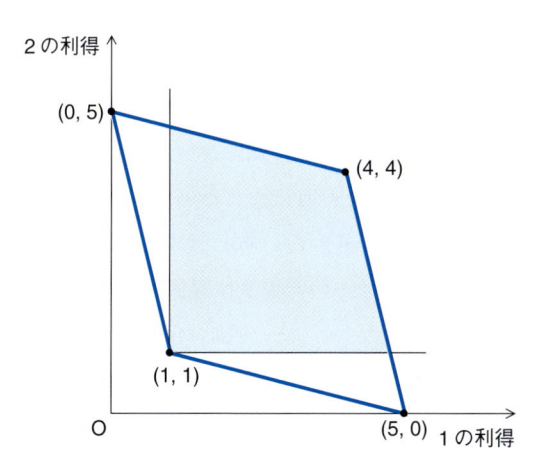

図 8.1 表 8.1 の囚人のジレンマの実現可能利得

以上の点は無限繰り返しゲームにおける戦略の意味を考える上でも興味深いので，その仕組みを紹介しよう．

これは次のような戦略の組を考えることによって可能となる．まず，成分ゲームの任意の混合戦略の組を考え，それに十分近い有理数で表される混合戦略の組をとる．その組が $((\frac{b}{a}, \frac{a-b}{a}), (\frac{f}{e}, \frac{e-f}{e}))$ で表されていたとする．ここで，a, b, e, f は $a \geq b \geq 0$, $e \geq f \geq 0$ なる適当な整数である．

まず，プレイヤー 2 が C を a 回とり続ける．そのとき同時にプレイヤー 1 が C を b 回とった後，D を $a-b$ 回とる．これを 1 つのセットとする．このようなセットをまず f 回とり続ける．その後は次のようなセットを $e-f$ 回とり続

ける．それはプレイヤー 2 が D を a 回とり続け，そのとき同時にプレイヤー 1 が C を b 回とった後，D を $a-b$ 回とることである．このような e 回のセットの与える平均利得の組は，成分ゲームの混合戦略の組 $((\frac{b}{a}, \frac{a-b}{a}), (\frac{f}{e}, \frac{e-f}{e}))$ の与える利得と一致する．ここで考えたひとまとまりの行動の組をロングセットと呼ぼう．このロングセットの長さ（回数）は ae である．このとき，次の戦略の組を考える．

「初めの ae 期はこのロングセットにそった行動をとる．その後，そのままこのロングセットをとることを繰り返すが，この組合せから相手が逸脱した場合，その後は自分は常に D をとる」という戦略である．これは，永久懲罰戦略の拡張であり，今までと同じ理由でこれもサブゲーム完全均衡となる．ただし，逸脱した場合の利益が大きくならないために，初めに設定した成分ゲームの利得は (D,D) の与える利得以上でなければならない．

繰り返しゲームは，この他にもいろいろと興味深い性質についての分析がなされており，例えば，プレイヤーの記憶量に限界があり，オートマトンで表現される状況における分析は，プレイヤーの持つ合理性が限定的なケースを扱う点で非常に興味深い．これらの発展については Osborne and Rubinstein [23] を参照していただきたい．

提携形ゲーム 9

　本章からは，協力ゲームの理論の基本事項を解説していく．協力ゲームは一般に提携形ゲームと呼ばれる形式で表現される．提携形ゲームではプレイヤー間で協力の合意がなされた場合は，必ず，その合意が守られることを前提にして，協力による利益をどのようにプレイヤーの間で分配するかということを問題にしている．

　ゲーム理論の出発点であるフォン・ノイマンとモルゲンシュテルンの著書 [33] の中でも，その大部分は 2 人ゼロ和ゲームではなく，3 人定和提携形ゲームである．

講義のポイント
- 協力ゲームの条件
- 囚人のジレンマの協力ゲーム
- 提携形ゲーム
- 提携形 3 人ゲームの例
- 定和ゲーム
- 破産ゲーム
- 本質的ゲームと優加法性
- 破産ゲームの優加法性
- ゲームの単調性
- ゲームの戦略的同等性
- ゲームのゼロ正規化
- 費用ゲームと費用節約ゲーム

9.1 提携形ゲームの定義

● 協力ゲームの条件

協力ゲームの理論では，一般にプレイヤー間の協力達成とその結果として生じる利益の分配の問題を考察する．その問題を考察するための前提として，いくつかの条件を明確にしておこう．

プレイヤー同士が十分にコミュニケーションが可能で，互いに協力についての話し合いができる状況を考えてみよう．その話し合いで，協力による利益があり，全員による協力が可能であることが確認され，協力の合意が達成されたとしよう．なお，このような合意は一旦なされると必ず守られるものとする．

全員が協力して利益を得るためには，まず全員が協調して戦略の選択を調整することが必要である．さらに，その結果として得られた利益を全員でどのように分配するかという最低限の合意が必要である．そこでは，全員の戦略の選択により得ることのできる利得の総計を彼らの協力による利益とし，それを皆で分配することが可能であるとする．この分配可能の仮定は効用の譲渡可能性(transferable utility)と呼ばれているが，この仮定の前提には，ゲームで得た利得をプレイヤーの間で譲渡するための手段(金銭など)があることが前提となっている．この利得の譲渡手段を別払い(sidepayment)という場合がある．このため，このような条件の下での協力ゲームは，譲渡可能効用のあるゲームまたは別払いのあるゲームと呼ばれる場合がある．

このとき，個人やいろいろなサイズのグループの形成を想定し，それらの獲得可能利益や影響力を基にして，全員による協力の利益の分配問題を分析するのが提携形ゲームの目的である．なお，これらの個人やグループの獲得可能利益や影響力も，そのメンバーの利得の合計値で表されるものとする．ここで，全員の協力が達成されるという前提を取り除くと，どのようなグループが形成されて維持されるのかが問題となる．それは一般に提携形成問題と呼ばれており，協力ゲームの重要な問題である．

9.1 提携形ゲームの定義

● 囚人のジレンマの協力ゲーム

2人囚人のジレンマを例として，個人やグループの獲得可能な利得の合計値を求めてみよう（表 9.1）．

表 9.1 囚人のジレンマ・再掲

1＼2	C	D
C	4,4	0,5
D	5,0	1,1

プレイヤー 1, 2 がコミュニケーションできず，全く独立に戦略を選択した場合にそれぞれが必ず獲得できると考える利得は，非協力ゲームにおいて確実に獲得可能な利得である支配戦略均衡利得を考えればよい．その利得は，それぞれ 1 となる．2 人が協力に合意した場合，その合意は必ず守らなければならないので，双方が C をとることに合意すれば，獲得可能な利得の和は 8 となる．これが利得の和の最大値であり，それを 2 人で分け合うこととなる．

非協力ゲームの分析では，たとえ (C,C) に合意したとしても，実際のプレイでは裏切ってしまうのでこの合意は無効になると考えた．しかし，協力ゲームでは，その合意は裏切られないことを前提にしている．例えば，その合意は契約書に記載され，それを破ると法律で罰せられると考えればよい．この意味で囚人のジレンマの問題は解決されている．

● 提携形ゲーム

それでは，協力ゲームの問題を分析する最も一般的な表現形式である提携形ゲームを数学的に定式化しよう．提携形 n 人ゲーム (N,v) は，プレイヤー集合 N（ただし，$|N|=n$）と特性関数 v によって定義される．ここで，v は N のすべての部分集合に実数値を対応させる関数（$v: 2^N \to \mathbb{R}$）であり，$v(\emptyset)=0$ を満たす．プレイヤー集合 N の部分集合 S は提携と呼ばれ，協力行動をとるために形成されたプレイヤーのグループである．各提携に対する特性関数の値 $v(S)$

は，**提携値**とも呼ばれ，その提携のメンバーが自分たちの協力行動で最低限確保可能な利得の総和の最大値を与えている．なお，提携 N を**全体提携**と呼ぶ．また，前述したように提携値が利得和で表されるという仮定から譲渡可能効用のあるゲーム（TU ゲーム），別払いのあるゲームと呼ばれる場合のほか，提携値が特性関数で表されるので**特性関数形ゲーム**と呼ばれる場合もある．提携値の求め方は，考察する問題ごとに異なるので，それをどのように定式化するかは提携形ゲームを応用する際の重要な問題である．

前述の囚人のジレンマゲームは次の提携形 2 人ゲームとなる．

> **例 9.1**
> $N = \{1,2\}, \quad v(\{1\}) = 1, \quad v(\{2\}) = 1, \quad v(\{1,2\}) = 8.$

● 提携形 3 人ゲームの例

それでは，以下のような戦略形 3 人ゲーム（表 9.2）を考え，それを提携形ゲームとして表現してみよう．

表 9.2 戦略形 3 人ゲームの例

プレイヤー 3：戦略 E

1＼2	戦略 C	戦略 D
戦略 A	1, 1, 1	6, 2, 2
戦略 B	0, 0, 1	3, 3, 3

プレイヤー 3：戦略 F

1＼2	戦略 C	戦略 D
戦略 A	1, 9, 0	1, 6, 0
戦略 B	0, 2, 3	1, 3, 5

まず，このゲームは $N = \{1,2,3\}$ である 3 人ゲームである．全体提携の提携値 $v(N)$ は，利得の和の最大値 10 である．それを実現する戦略の組は (A, C, F) と (A, D, E) である．

提携 $\{1,2\}$ を形成すると，彼らは自分たちの戦略を調整することができる．プレイヤー 3 がどのような戦略をとっても $\{1,2\}$ が必ず確保できる利得を求めなければならないので，彼らがとる戦略の組に対し，プレイヤー 3 は彼らの利

9.1 提携形ゲームの定義

得の和を最小化しようとすると仮定する．この前提の下で，彼らにとっての最大の利得和が提携値であると考える．その最大の利得和はマックスミニ値であり，それを求めるためには，次の表9.3のような戦略形ゲームを考えると便利である．ここで，プレイヤー1と2の利得和が左側，プレイヤー3の利得が右側に示されている．

表 9.3 プレイヤー $\{1,2\}$ とプレイヤー 3 の間の戦略形ゲーム

$\{1,2\}$＼3	戦略 E	戦略 F
戦略の組 (A,C)	2, 1	10, 0
戦略の組 (B,C)	0, 1	2, 3
戦略の組 (A,D)	8, 2	7, 0
戦略の組 (B,D)	6, 3	4, 5

提携 $\{1,2\}$ の戦略の組 (A,C) に対する利得和のミニ値は 2, $(B,C),(A,D),(B,D)$ に対する，ミニ値はそれぞれ，0, 7, 4 であるから，それらの最大値である 7 がこの提携の提携値になる．そのとき，$\{1,2\}$ は戦略の組 (A,D) をとっている．

続いて，1人提携 $\{3\}$ の提携値はどうだろうか．これも同じ利得行列から計算できる．プレイヤー3が戦略 E をとった場合，$\{1,2\}$ のとる戦略の組に従って，利得 1, 1, 2, 3 を得るのでミニ値は 1 である．一方，戦略 F をとった場合，利得は 0, 3, 0, 5 となるのでミニ値は 0 となる．したがって，マックスミニ値は 1 となりこれが提携値となる．

他の提携値も同様にして計算すると，結果は次の提携形3人ゲーム (N,v) となる．

例 9.2

$N=\{1,2,3\},\quad v(\{1\})=1,\quad v(\{2\})=2,\quad v(\{3\})=1,$
$v(\{1,2\})=7,\quad v(\{1,3\})=3,\quad v(\{2,3\})=6,\quad v(N)=10.$

この方法では，各提携での最低限獲得可能な値として，マックスミニ値を採用したが，提携と提携に属さないプレイヤーとの間の非協力ゲームと考えると，そのゲームのナッシュ均衡を用いて分析することもできる．このとき，上記のプレイヤー $\{1,2\}$ とプレイヤー 3 の間のゲームのナッシュ均衡は $((A,D),E)$ であるので $v(12)=8, v(3)=2$ となり，マックスミニ値の結果とは異なる[注]．

他の提携についても同様に計算すると次のゲームとなる．

例 9.3

$$v(1)=1, \quad v(2)=2, \quad v(3)=2, \quad v(12)=8, \quad v(13)=8,$$
$$v(23)=9, \quad v(N)=10.$$

この例 9.3 において，プレイヤー 1 と提携 $\{2,3\}$ の間の戦略形ゲームでは純戦略ナッシュ均衡が 2 つあるので，他方を弱パレート支配しているナッシュ均衡 $(A,(C,F))$ を採用している．このように，ナッシュ均衡は必ずしも常に一意とは限らないので，それを用いた考察は一般的に難しい．

● 定和ゲーム

戦略形ゲームにおいてすべてのプレイヤーの利得の和が一定値のとき，戦略形定和ゲームと呼ばれる．2 人ゼロ和ゲームは戦略形定和ゲームの一つである．戦略形定和ゲームでは，提携値を求めるための戦略形ゲームは常に 2 人定和ゲームとなり，混合戦略まで含めれば，ミニマックス定理から常にナッシュ均衡利得とマックスミニ値が一致する．その意味で提携形ゲームの提携値の求め方は確定する．このとき得られる提携形ゲームは次の条件を満たすので(提携形) 定和ゲームと呼ばれている．

$$v(S)+v(N \setminus S)=v(N) \quad \forall S \subseteq N.$$

[注] 提携値を表すとき，混乱を生ずる可能性がない場合は $v(\{1,2\})=v(12), v(\{3\})=v(3)$ などと表すことにする．

例 9.3 のゲームは定和ゲームである．元の戦略形ゲームが定和ゲームでなくとも提携形ゲームは定和になっていることに注意していただきたい．フォン・ノイマンとモルゲンシュテルンは [33] において，もっぱらこの定和 3 人ゲームの分析を行った．

● 破産ゲーム

本節の最後に，次の破産ゲームと呼ばれる興味深いゲームを紹介しておこう．

プレイヤーは，ある会社に対し，それぞれの金額の債権を持つ貸し手であるとする．その会社が破産したときに残された財産をどのように分けるかというのが考察すべき問題であるが，この問題は提携形ゲームとして表現することができる．

まず，$N=\{1,2,3,\cdots,n\}$ とし，残された財産額を E，各プレイヤーの持つ債権額を $d_i > 0$ とし，それらのパラメータは条件 $\sum_{k \in N} d_k > E$ を満たすとする．そのとき，破産問題は $(E, (d_i)_{i \in N})$ で表され，破産問題から生成される破産ゲーム (N, v) は次のように表される．

例 9.4　破産ゲーム

$$v(S) = \max\left\{0, \ E - \sum_{k \in N \setminus S} d_k\right\} \quad \forall S \subseteq N.$$

すなわち，プレイヤーが提携 S を形成したときに，確実に獲得が保証される利得和 $v(S)$ は，すべての提携外のメンバー $k \in N \setminus S$ にそれぞれの請求額 d_k を与えた残りの額で与えられている．ただし，この額がマイナスのときの提携値は 0 としている．

この破産ゲームに関しては興味深い背景があるが，それは後の 13.3 節で紹介する．

9.2 特性関数の性質

● 本質的ゲームと優加法性

特性関数のいくつかの満たすべき性質を挙げておこう．全員の協力を前提とすることを正当化するための最低限の条件は全員の協力に意味があることである．特性関数 v が次の条件を満たすとき，ゲーム (N,v) を **本質的ゲーム** と呼ぶ．

$$v(N) > \sum_{i=1}^{n} v(\{i\}).$$

この条件は全体提携の提携値が，各個人の提携値の和より大きいことを要請している．すなわち全体提携の形成が意味を持つための最低限の条件である．前節のすべてのゲームはこの条件を満たしている．

全体提携が形成されることを正当化するためには提携の協力が常に有利になるような，より強い条件を課す必要がある．その条件は次の特性関数の **優加法性** である．

$S \cap T = \emptyset$ を満たす任意の提携 S, T に対し $v(S \cup T) \geq v(S) + v(T)$．

この条件は，共通部分のない 2 つの提携 S, T に対し，協力したことによる提携値 $v(S \cup T)$ が，それぞれ個別に行動したときの提携値 $v(S), v(T)$ の和より大きいことを示している．この条件を満たすとき，ゲーム (N,v) あるいは特性関数 v は優加法性を満たすと言う．この条件が成り立つと，提携同士合併したほうが常に有利になるので，その結果，全体提携 N が形成されると解釈される．

戦略形ゲームから提携形ゲームを生成する際，混合戦略まで含めて，マックスミニ値を考えると，必ずその提携形ゲームは優加法性を満たすことが知られている．これについては鈴木 [30] を参照していただきたい．前節で紹介したすべてのゲームの例は優加法性を満たしている．

9.2 特性関数の性質

● 破産ゲームの優加法性

ここで，例 9.4 の破産ゲームが優加法性を満たすことをチェックしてみよう．$S \cap T = \emptyset$ となる任意の S, T をとる．初めに，$E - \sum_{k \in N \setminus S} d_k \geq 0$ かつ $E - \sum_{k \in N \setminus T} d_k \geq 0$ のケースを考えよう．このとき，

$$v(S) + v(T) = E - \sum_{k \in N \setminus S} d_k + E - \sum_{k \in N \setminus T} d_k$$
$$= E - \sum_{k \in N} d_k + E - \sum_{k \in N \setminus (S \cup T)} d_k$$
$$< E - \sum_{k \in N \setminus (S \cup T)} d_k \leq v(S \cup T).$$

次に，$E - \sum_{k \in N \setminus S} d_k < 0$ かつ $E - \sum_{k \in N \setminus T} d_k \geq 0$ のケースを考えよう．このとき，

$$v(S) + v(T) = 0 + E - \sum_{k \in N \setminus T} d_k \leq E - \sum_{k \in N \setminus (S \cup T)} d_k \leq v(S \cup T)$$

である．$E - \sum_{k \in N \setminus S} d_k \geq 0$ かつ $E - \sum_{k \in N \setminus T} < 0$ のケースも同様である．

最後に $E - \sum_{k \in N \setminus S} d_k < 0$ かつ $E - \sum_{k \in N \setminus T} d_k < 0$ のケースを考えよう．このとき，

$$v(S) + v(T) = 0 \leq \max \left\{ 0, E - \sum_{k \in N \setminus (S \cup T)} d_k \right\} = v(S \cup T)$$

である．

● ゲームの単調性

次に優加法性によく似た単調性を紹介しよう．T が S の真部分集合であるようなすべての 2 つの提携 S, T に対し，T を含む提携 S の提携値 $v(S)$ が T の提携値 $v(T)$ よりも常に大きいとき，ゲーム (N, v) あるいは特性関数 v は単調性を満たすと言う．すなわち，

すべての $S \supset T$ を満たす提携 S, T に対し $v(S) \geq v(T)$.

特性関数が単調性を満たしていても，全体提携が形成されることを正当化するには不十分である．なぜなら，単調性は必ずしも特性関数の優加法性を導かないからである．逆に，すべての提携値がゼロ以上であれば，特性関数の優加法性は単調性を導く．例えば，例 9.3 のゲームにおいて $v(13)=9$ とすると，このゲームは単調性を満たすが優加法性は満たさない．また 2 人ゲーム $(\{1,2\},v)$，$v(1)=2, v(2)=2, v(12)=3$ を考えると，このゲームは単調性を満たすが優加法性を満たさない．

9.3 プレイヤーの利得の変換——戦略的同等性

● ゲームの戦略的同等性

戦略形ゲームにおいて，あるプレイヤーの利得を同じ数だけ増やしたり，正数倍した場合，そのプレイヤーのとる最適化行動(マックスミニ戦略やナッシュ均衡戦略)は変わらない．したがって提携形ゲームにおいても，そのような要請を考察するのが自然であろう．2 つのゲーム $(N,v),(N,v')$ の特性関数 v, v' の間に下の条件が成り立つとき，行動選択の観点からは同値なゲームであると考え，2 つのゲームは戦略的同等であると言う．

ある正の数 α，実数 $\beta_1, \beta_2, \cdots, \beta_n$ が存在して，すべての $S \subseteq N$ に対し，

$$v'(S) = \alpha v(S) + \sum_{i \in S} \beta_i.$$

ここで，正数倍のパラメータ α は，全員共通であるが，これは譲渡可能効用の仮定と整合的にするためである．なお，この条件の実質的な役割を理解するためには，10.2 節の提携形ゲームの解の概念と対応付けて説明する必要がある．

● ゲームのゼロ正規化

このように戦略的同等性を用いると，すべての提携形ゲームに対しそれと戦略的同等かつ，すべての一人提携の提携値 $v'(\{i\})$ がゼロであるようなゲーム (N,v') を次のようにして求めることができる．

$$\text{すべての } S \subseteq N \text{ に対し, } v'(S) = v(S) - \sum_{i \in S} v(\{i\}).$$

こうして求めたゲームを元のゲーム (N,v) のゼロ正規化ゲームと呼ぶ．例 9.2 のゲーム (N,v) のゼロ正規化ゲーム (N,v') をこの定義に従って求めると

$$v'(1) = v'(2) = v'(3) = 0,$$

$$v'(12) = 4, \quad v'(13) = 1, \quad v'(23) = 3, \quad v'(N) = 6$$

となる．なお，優加法性を満たすゲームと戦略的同等なゲームは優加法性を満たすが，単調性を満たすゲームと戦略的同等なゲームは必ずしも単調性を満たすとは限らない．

9.4 費用ゲームと費用節約ゲーム

提携形ゲームの一つの代表的な応用は費用分担問題である．次のような問題を考えてみよう．A, B, C の 3 つの町があり，協力して 1 つのプロジェクトを行うことを計画している．例えばごみ処分場の建設，共同給食センターの設置などを例として考えていただきたい．3 つの町が協力したときのプロジェクトにかかる費用は 10 億円，A 町と B 町が協力して実行したときの費用は 7 億円，A 町と C 町が協力して実行したときの費用は 8 億円，B 町と C 町が協力して実行したときの費用は 8 億円，それぞれの町が単独で実行したときの費用は A 町，B 町，C 町それぞれ 4 億円，5 億円，7 億円の費用がかかるものとする．この状況は各提携に対し，その提携メンバーが協力した場合に必要な費用総額を

対応させる関数，費用特性関数により表現できる．プレイヤー集合と費用特性関数の組を費用ゲームと言う．

この問題を費用ゲーム (N,c) として表すと次のようになる．

> **例 9.5**
>
> $N = \{A, B, C\}, \quad c(\{A\}) = 4, \quad c(\{B\}) = 5, \quad c(\{C\}) = 7,$
> $c(\{A,B\}) = 7, \quad c(\{A,C\}) = 8, \quad c(\{B,C\}) = 8, \quad c(N) = 10.$

費用ゲームも通常の提携形ゲームと同じように分析できると都合がよい．費用関数から下記の変換により生成した特性関数を持つゲームを費用節約ゲームと呼ぶ．費用節約ゲームの提携値は，その提携を形成したとき，個別に独立して費用を支払った場合からどのくらい費用を節約できるかの額(節約額)を表している．

すべての S に対して，$v(S) = \sum_{i \in S} c(\{i\}) - c(S).$

上記の費用ゲーム例 9.5 から費用節約ゲーム (N,v) を求めると次のようになる．

> **例 9.6**
>
> $v(A) = v(B) = v(C) = 0,$
> $v(AB) = 2, \quad v(AC) = 3, \quad v(BC) = 4, \quad v(N) = 6.$

3 つの町が協力した場合の節約額の合計 6 億円をどのように分けるかが考察すべき問題となる．

それでは，このように定式化された問題の解を次の第 10 章でみることにしよう．

提携形ゲームのコア 10

　提携形ゲームにおける基本的な問題は，全員による協力で得た利得の分配である．このとき，全員が合意して希望する利得分配を提携形ゲームの解と呼ぶ．

　本章では，その中でも最も基本的な解であるコアを解説する．コアは様々な応用も多く，経済学において最もよく用いられている提携形ゲームの解である．

> **講義のポイント**
> ●全体合理性と個人合理性　●配分の基本三角形　●提携形ゲームの解　●配分の間の支配　●提携形ゲームのコア　●コアの同型性　●コアの同値な定義　●3人ゲームのコアの図示　●3人ゲームのコアの存在条件

10.1 利得ベクトルと配分

● 全体合理性と個人合理性

提携形ゲームの一つの目的は，全体提携で獲得した提携値の分配に際し，全員が合意するような利得分配案を探すことである．そこで，まず，全体提携が形成された場合の各プレイヤーの得る利得を記述する必要がある．そのような利得分配の記述は，各成分がそれぞれのプレイヤーに対応するベクトルで表される．これを**利得ベクトル**と呼び，提携形ゲーム (N,v) $(N=\{1,2,\cdots,n\})$ においては $x=(x_1,x_2,\cdots,x_n)\in\mathbb{R}^n$ のように表現する．

全員で利得を分配する際に，個人の得る利得は次の 2 条件を満たす必要があると考えられる．

(1) $\sum_{i=1}^{n} x_i = v(N),$

(2) すべての $i \in N$ に対し，$x_i \geq v(\{i\})$.

ここで (1) の条件は**全体合理性**と呼ばれる．全体合理性とは，すべてのプレイヤーの利得の和が全体提携値となることであり，全体提携で獲得した値を余すことなく全員で分けることを意味している．したがって，この条件は実現可能な利得ベクトルの集合 $\{x\in\mathbb{R}^n \mid \sum_{i\in N} x_i \leq v(N)\}$ における利得ベクトルのパレート最適性に対応する．

(2) の条件は**個人合理性**の条件と呼ばれており，各プレイヤーの利得が個人提携値以上であることを要請している．すなわち，全体提携に参加して利得を分配する際に，少なくとも，個人で獲得可能な利得以上を得ることを保証することを意味している．

全体合理性と個人合理性を満たす利得ベクトルの集合を**配分**と呼ぶ．配分の集合 I は以下の式で表される．

$$I = \Big\{ x \in \mathbb{R}^n \,\Big|\, \sum_{i=1}^{n} x_i = v(N),\ x_i \geq v(\{i\}),\ i=1,2,\cdots,n \Big\}.$$

10.1 利得ベクトルと配分

なお，配分集合はゲーム (N,v) に依存するので，$I(N,v)$, $I(v)$ のように表す場合もある．本質的ゲームでは必ず I が存在する．本章の以後の議論では本質ゲームであることを仮定する．

2人提携形ゲーム (N,v) の配分集合は

$$\{(x_1,x_2)\in\mathbb{R}^2\,|\,x_1+x_2=v(N),\ x_1\geq v(1),\ x_2\geq v(2)\}$$

となる．

● 配分の基本三角形

ゼロ正規化された3人ゲームの配分集合 I は，図 10.1 のような高さが全体提携値 $v(N)$ である正三角形 123 で表すことができる．これを **3人ゲームの基本三角形** と呼ぶ．ここで，各利得ベクトル $x=(x_1,x_2,x_3)$ は基本三角形内部の点 x から辺 23，辺 13，辺 12 に下ろした垂線の長さに対応している．単純な初等幾何から垂線の長さの和が正三角形の高さと一致することがわかる．したがって，基本三角形の内部の点の垂線の長さに正の符号を付けたものを x_1, x_2, x_3 とすれば，基本三角形の内部の点の集合は $v(1)=v(2)=v(3)=0$ のときの配分集合と同一視することができる．3人ゲームのいろいろな解もこの基本三角形を用いて表現することができる．

なお，$x_2+x_3=v(23)$ を満たす配分の集合は線分となり，図にはその線分が

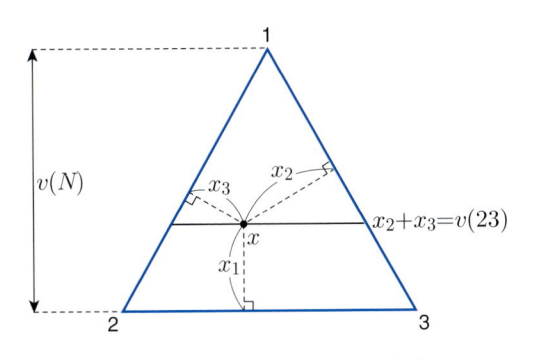

図 10.1 3人ゲームの基本三角形

記入されている．これは $x_1 = v(N) - v(23)$ を表す線分と同じである．

10.2 ゲームの解と配分の支配

● 提携形ゲームの解

それでは，提携形ゲームの解の厳密な定義を与えよう．

各プレイヤーへの利得分配の案は，利得ベクトルあるいは配分で表される．したがって，ゲームの解は，各提携形ゲームに対し，皆が合意すると思われる利得ベクトルあるいは配分を指定する必要がある．そのとき，当面の問題で分析の対象となるゲームのクラスは，優加法性を満たすゲームの集合や破産ゲームの集合など，いろいろなゲームの集合が考えられるのでそれも規定しなければならない．そこで，まず，G^A をすべての提携形ゲームの集合とする．すなわち，$G^A = \{(N,v) \mid N \subset \mathbb{N},\ |N| < \infty,\ v:2^N \to \mathbb{R}\}$ とし，焦点となるあるゲームのクラスを $G \subset G^A$ とする．さらに G は解の定義域となる．

一般にすべての提携形ゲームにただ1つの利得ベクトルを対応させることができるとは限らない．そこで，解を利得ベクトルの集合（空集合も許す）まで，拡張することとする．

したがって，G における<u>提携形ゲームの解</u> φ とはすべての $(N,v) \in G$ に利得ベクトルの集合あるいは配分の集合 $\varphi(N,v) \in \mathbb{R}^n$ を対応させる関数（集合値関数）である．言い換えると，G から $\cup_{N \subset \mathbb{N}} \mathbb{R}^{|N|}$ への集合値関数である．定義域が G^A あるいは，文脈から明確な場合は「……における」の部分を省く場合がある．このように考えると，すべてのゲームに対し配分の集合を与える関数もゲームの解の一つである．

さらに，すべての $(N,v) \in G$ に対して，ただ1点からなる集合を対応させる場合，言い換えると φ が関数である場合，<u>ゲームの値</u>（value）と言う場合がある．これは，この値がその提携形ゲームに対する評価値の一つと考えられるからである．

10.2 ゲームの解と配分の支配

● 配分の間の支配

それでは，ゲームの解の中で，最も基本的と考えられる解であるコアを考察するために，配分の間の支配関係を定義しよう．

2つの配分(あるいは利得ベクトル) x と y に対する提携 S のメンバーによる比較評価を考えてみよう．もし，すべてのメンバーにとって x の与える利得が y の与える利得より大きいとき，彼らは y より x を好むであろう．さらに，自分たちだけで x が実現可能であれば，y を拒否して x を最終的な獲得利得として実現しようとするであろう．このとき，S による実現可能性の条件は $\sum_{i \in S} x_i \leq v(S)$ で与えられる．

したがって，次の2条件

(1) $x_i > y_i \quad \forall i \in S$,
(2) $\displaystyle\sum_{i \in S} x_i \leq v(S)$

が成り立つとき，配分 x は配分 y より優越すると考え，$x=(x_1,x_2,\cdots,x_n)$ は提携 S を通して配分 $y=(y_1,y_2,\cdots,y_n)$ を支配すると言い，$x \operatorname{dom}_S y$ と書く．さらに，提携 S を特定せず，ある提携 $T \subseteq N$ が存在して，配分 x が T を通して配分 y を支配するとき，単に，x は y を支配すると言い，$x \operatorname{dom} y$ と書く．第9章の例9.2 のゲームにおける2つの配分 $x=(3,4,3)$, $y=(1,2,7)$ において，$x \operatorname{dom}_{\{12\}} y$ が成り立つ．しかし，これ以外の提携を通した支配関係はない．より一般的に，2つの配分の間で，一人提携を通した支配関係，および，全体提携を通した支配関係は生じない[注1]．2つの配分の間で，別の提携を通して互いに支配関係が生ずる場合がある．しかし，優加法性が成り立つ場合，これは5人以上のゲームでしか生じない．また，支配関係には推移律が成り立たない．これらの点の詳細については船木 [9] を参照していただきたい．

注1 利得ベクトルの間では，全体提携や一人提携を通した支配関係も生じる．

提携形ゲームのコア

この配分の支配関係を用いて，定義される最も基本的な解の概念はコアである．コア C は他の配分に支配されない配分の集合である．数学的には次の式で定義される．

$$C = \{x \in I \mid \text{すべての } y \in I (y \neq x) \text{ に対して，} y \operatorname{dom} x \text{ が成り立たない}\}.$$

コアも (N, v) に依存するので，$C(N, v)$，$C(v)$ のように表す場合もある．2人提携形ゲームのコアは配分集合と一致している．

提携形ゲームの解としてのコアの意味を考えてみよう．もし，全員に提案されている配分に対し，ある提携によってそれを支配する配分があれば，提案された配分をその提携が拒否することができるとする．このとき，その提案された配分がコアに属していればそれを拒否する提携がない．このような意味で，コアに属する利得分配は，どの提携にも拒否されず，最終的な分配案となり得る安定的な利得分配ということができる．

10.3 コアの性質

コアの同型性

戦略的同等性の考え方をゲームの解に対して適用してみよう．戦略的に同等な2つのゲーム v, v' の解 $\varphi(v), \varphi(v')$ の間の関係を考えてみよう．このとき，$v'(i) = \alpha v(i) + \beta_i$ であるから，$x \in \varphi(v)$ と $x' \in \varphi(v')$ の間に $x'_i = \alpha x_i + \beta_i$ $(i \in N)$ による一対一の関係が成り立つことが望ましい．戦略的に同等な2つのゲーム $v, v'(v' = \Psi(v))$ に対し，次の条件が成り立つとき，ゲームの解 $\varphi(v)$ は戦略的同等な変換 Ψ によって同型であると言う．

$$\varphi(v') = \{x' \in \mathbb{R}^n \mid x'_i = \alpha x_i + \beta_i \ \forall i \in N, \ x \in \varphi(v)\}.$$

ゲームの解がこの条件を満たすとき，ゲームの解の間の戦略的同等な変換

10.3 コアの性質

$\Psi(x) = x'$ $(x \in \varphi(v), x' \in \varphi(v'))$ は単射かつ全射となる．したがって，元のゲーム (N,v) をゼロ正規化したゲーム (N,v') の解 $x' \in \varphi(v')$ を求めると，それから，変換 $x_i = x'_i + v(\{i\})$ によって元のゲームの解 $x \in \varphi(v)$ を求めることができる．配分の集合はこの同型性を満たしている．コアについては次の定理が成り立つ．

定理 10.1

戦略的に同等な 2 つのゲーム $(N,v), (N,v')$ のコアは配分の間の戦略的同等な変換 $x'_i = \alpha x_i + \beta_i, i \in N$ によって同型である．

証明

戦略的に同等な 2 つのゲーム $(N,v), (N,v')$ をとり，

$$v'(S) = \alpha v(S) + \sum_{i \in S} \beta_i, \quad S \subseteq N$$

が成り立っているとする．このとき，変換 $x'_i = \alpha x_i + \beta_i, i \in N, y'_i = \alpha y_i + \beta_i, i \in N$ によって対応する 2 つの配分 x, y, x', y' の間の支配関係が 2 つのゲームの間で保存されることを示す．x' が提携 S を通じて y' を支配しているとする．このとき，$x'_i > y'_i \; \forall i \in S$，および $\sum_{i \in S} x'_i \leq v'(S)$ が成り立つ．これらの条件は $\alpha x_i + \beta_i > \alpha y_i + \beta_i \; \forall i \in S$，および $\sum_{i \in S}(\alpha x_i + \beta_i) \leq \alpha v(S) + \sum_{i \in S} \beta_i$ と同値である．$\alpha > 0$ であるから，これらの条件は $x_i > y_i \; \forall i \in S$，および $\sum_{i \in S} x_i \leq v(S)$ と同値であり，x が提携 S を通じて y を支配することを表している．これは，$x' \operatorname{dom}_S y' \iff x \operatorname{dom}_S y$ を示している．したがって，支配関係から定義されるコアは以下の式を満たし，戦略的同等な変換によって同型であることがわかる．

$$\begin{aligned} C(v') &= \{x' \in \mathbb{R}^N \mid \text{すべての } y' \in I(v')(y' \neq x') \text{ に対して,} \\ &\qquad y' \operatorname{dom} x' \text{が成り立たない}\} \\ &= \{x' \in \mathbb{R}^N \mid x'_i = \alpha x_i + \beta_i \; \forall i \in N, \text{ すべての } y \in I(v)(y \neq x) \\ &\qquad \text{に対して, } y \operatorname{dom} x \text{ が成り立たない}\} \\ &= \{x' \in \mathbb{R}^N \mid x'_i = \alpha x_i + \beta_i \; \forall i \in N, x \in C(v)\}. \end{aligned}$$

(証明終)

● コアの同値な定義

ゲームが優加法性を満たすとき，コアは以下の同値な式で定義される．

> **定理 10.2**
>
> 優加法性を満たすゲーム (N,v) のコアは次の**提携合理性**
>
> $$\text{すべての } S \subset N \text{ に対して } \sum_{i \in S} x_i \geq v(S)$$
>
> を満たす配分の集合と一致する．

証明

提携合理性を満たす配分の集合を $C'(v)$ とする．任意の $x \in C'(v)$ をとり，それを支配する配分がないことを示そう．$y \in I(v)$ が x を支配すると仮定する．そのとき，ある S に対して，$y_i > x_i \; \forall i \in S, \sum_{i \in S} y_i \leq v(S)$ が成り立つ．したがって，

$$\sum_{i \in S} x_i < \sum_{i \in S} y_i \leq v(S)$$

が成り立つが，これは提携合理性 $\sum_{i \in S} x_i \geq v(S)$ に矛盾する．したがって，$C'(v) \subseteq C(v)$ である．

次に任意の $x \in C(v)$ をとり，x が提携合理性を満たさないと仮定する．このとき，ある S に対して $\sum_{i \in S} x_i < v(S)$ が成り立つ．このとき，次のように利得ベクトル $y \in \mathbb{R}^N$ を定義する．

$$y_i = \begin{cases} x_i + \dfrac{\varepsilon}{|S|}, & \text{if } i \in S, \\ \dfrac{v(N) - v(S) - \sum_{k \in N \setminus S} v(k)}{|N \setminus S|} + v(i), & \text{if } i \in N \setminus S. \end{cases}$$

ここで，$\varepsilon = v(S) - \sum_{i \in S} x_i > 0$ である．

優加法性から $v(N) - v(S) - \sum_{k \in N \setminus S} v(k) \geq 0$ であるので，$x_i \geq v(i) \; \forall i \in S$ および $\varepsilon > 0$ より，y が個人合理性を満たすことがわかる．さらに，

$$\sum_{i \in N} y_i = \sum_{i \in S} y_i + \sum_{i \in N \setminus S} y_i$$

$$= \sum_{i \in S} x_i + \varepsilon + v(N) - v(S) - \sum_{k \in N\setminus S} v(k) + \sum_{i \in N\setminus S} v(i) = v(N)$$

より，y が全体合理性を満たすこともわかるので，y は配分である．$y_i > x_i \ \forall i \in S$，$\sum_{i \in S} y_i = v(S)$ であるので，y は x を支配する．これは $x \in C(v)$ に矛盾する．したがって，$C(v) \subseteq C'(v)$ であるので，$C(v) = C'(v)$ が証明された． （証明終）

この定理から，提携合理性を満たす配分の集合

$$\left\{ x \in I \,\middle|\, \text{すべての } S \subset N \text{ に対して} \sum_{i \in S} x_i \geq v(S) \right\}$$

をコアと呼ぶ場合もある．ゲームが優加法性を満たさない場合，一般に，支配関係により定義したコアが提携合理性により定義したコアを含む．

● 3人ゲームのコアの図示

3人ゲームのコアを図示してみよう．前章の例 9.2 をゼロ正規化した3人ゲーム (N, v)，

$N = \{1, 2, 3\}, \quad v(1) = v(2) = v(3) = 0, \quad v(12) = 4,$

$v(13) = 1, \quad v(23) = 3, \quad v(N) = 6$

のコアを基本三角形において図示すると，図 10.2 の網かけ部分になる．

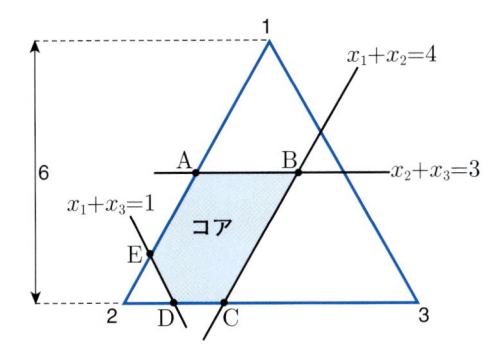

図 10.2　3人ゲームのコア

この図より，コアは凸集合であり五角形となる．その端点は

　　A(3,3,0), 　B(3,1,2), 　C(0,4,2), 　D(0,5,1), 　E(1,5,0)

の5つであることがわかる．一般的なゲームにおいてもコアは存在すれば凸多面体である．

● 3人ゲームのコアの存在条件

3人ゲームのコアに関しては，その存在の必要十分条件が知られている．

> **定理 10.3**
>
> 優加法性を満たす $N=\{1,2,3\}$ であるゼロ正規化3人ゲーム (N,v) において，コアが存在するための必要十分条件は
>
> $$v(12)+v(23)+v(13) \leq 2v(N) \tag{10.1}$$
>
> である[注2]．

証明

必要性：あるコアに属する配分 x があるとする．そのとき，

$$x_1+x_2 \geq v(12), \quad x_2+x_3 \geq v(23), \quad x_1+x_3 \geq v(13)$$

が成り立つ．ここで，3つの不等式を辺々加えると，$2x_1+2x_2+2x_3 \geq v(12)+v(23)+v(13)$ となる．ここで，$x_1+x_2+x_3=v(N)$ であるから，$2v(N) \geq v(12)+v(23)+v(13)$ を得る．

十分性：初めに，優加法性の条件から，すべての $S \subseteq N$ に対して $v(N) \geq v(S) \geq 0$ が成り立つことに注意しておく．2つの場合に分け，いずれの場合にもコアに属する配分があることを示す．

注2　コアが存在するとは，コアが空集合でないことを意味している．

(1) $v(12)+v(13)-v(N) \geq 0$ のとき

利得ベクトル x を

$$x_1 = v(12)+v(13)-v(N), \quad x_2 = v(N)-v(13), \quad x_3 = v(N)-v(12)$$

で定義する．このとき，$x_1+x_2+x_3 = v(N)$ かつ (1) の条件から，x は配分となる．さらに，

$$x_1+x_2 = v(12), \quad x_1+x_3 = v(13),$$
$$x_2+x_3 = 2v(N)-v(12)-v(13) \geq v(23)$$

より x はコアに属する．ここで，最後の不等式は，式 (10.1) から得られる．

(2) $v(12)+v(13)-v(N) < 0$ のとき

利得ベクトル x を

$$x_1 = 0, \quad x_2 = v(12), \quad x_3 = v(N)-v(12)$$

で定義する．このとき，x は配分となり，

$$x_1+x_2 = v(12), \quad x_1+x_3 = v(N)-v(12) > v(13),$$
$$x_2+x_3 = v(N) \geq v(23)$$

より x はコアに属する．ここで，2 番目の等式は，(2) の条件から得られる．（証明終）

この必要十分条件は

$$\frac{1}{3} \cdot \left(\frac{v(12)}{2} + \frac{v(23)}{2} + \frac{v(13)}{2} \right) \leq \frac{v(N)}{3}$$

と書くことができるから，1 人あたりの提携値の比較の式となっている．全員提携の 1 人あたり提携値 $\frac{v(N)}{3}$ が，3 つの 2 人提携の 1 人あたり提携値の平均以上であることがわかる．すなわち，平均して全員提携での 1 人あたりの収穫が大きいことを示している．さらに，優加法性のみではコアの存在が保証されないことがわかる．例えば，$v(N) = v(12) = v(13) = v(23) = 1$ であるゼロ正規

化された 3 人ゲームは，優加法性を満たすがコアは存在しない．

また，この証明では 2 つのケースに分けて，コアの存在を示しているが $x_1+x_2=v(12)$ と $x_1+x_3=v(13)$ の交点 $(x_1,x_2,x_3)=(v(12)+v(13)-v(N), v(N)-v(13), v(N)-v(12))$ が配分集合に属するケースが (1)，配分集合に属さないケースが (2) である．(1) のとき，その交点がコアに属することを証明している．(2) のときは $x_1=0$ と $x_1+x_2=v(12)$ の交点がコアに属することを証明している．

提携形ゲームの解およびコアに関しては，数多くの演習問題が船木 [9] にあるので，そちらも参照していただきたい．武藤 [16] では，3 人ゲームのコアの求め方をやさしく解説している．次の第 11 章ではいくつかの興味深いゲームにおいてコアの性質を紹介する．

コアの存在条件といろいろなゲームのコア 11

　前章でも示したように，3人ゲームにおいてコアは存在する場合も存在しない場合もある．そこで，その存在条件を知ることは重要である．

　本章では，コアが存在するための必要十分条件を与える．さらに対称ゲーム，平衡ゲーム，市場ゲーム，凸ゲーム，ビッグボスゲームといった重要なゲームを紹介し，そのコアの形状を解説していこう．

講義のポイント
●対称ゲーム　●対称ゲームのコア　●平衡ゲーム　●市場ゲーム　●凸ゲーム　●凸ゲームのコア　●破産ゲームのコア　●完全ビッグボスゲームとそのコア

11.1 対称ゲームとそのコア

● 対称ゲーム

本章では，いろいろなゲームのコア $C(N,v)$ についてその存在や形状を議論するが，提携合理性で定義されたコア（前章の定理 10.2 参照）に対して議論をする．もちろん，ゲームが優加法性を満たすときは支配関係によって定義されたコアと一致するので，優加法性が成り立つことを前提としていると考えてよい．

初めに，すべてのプレイヤーのパワーが等しいと考えられる対称ゲームと呼ばれるゲームを紹介しよう．そのために，まず，2 人のプレイヤーの対称性を考える．プレイヤー i, j $(i \neq j)$ が次の条件を満たすとき，この 2 人は対称であると言う．

すべての $S \subseteq N \setminus \{i,j\}$ に対して，$v(S \cup \{i\}) = v(S \cup \{j\})$.

この条件が成り立つとき，i と j は，$v(i) = v(j)$ かつ，どの提携と協力しても提携値は等しい．したがって，この 2 人のパワーは等しいと考えられる．すべてのプレイヤーに対し，どの 2 人のプレイヤーをとっても彼らが対称であるとき，対称ゲームと呼ぶ．対称ゲームは各提携の提携値が提携のメンバーの数にしか依存しないゲームとなり，

(N,v) が対称ゲーム $\iff$ $|S|=|T|$ ならば $v(S)=v(T)$

が成り立つ．2 人のプレイヤー i, j に対し，i と j の利得を入れ替えて作られた利得ベクトル $\bar{x}$ ($\bar{x}_i = x_j, \bar{x}_j = x_i, \bar{x}_k = x_k (k \neq i,j)$) について次の補助定理が成り立つ．

> **補助定理**
>
> 2 人の対称なプレイヤー i, j に対し，$x \in C(N,v)$ のとき $\bar{x} \in C(N,v)$ が成り立つ．

証明

補助定理の条件が成り立つとき，$\bar{x} \in C(N,v)$ が成り立たなかったとする．このとき，ある提携 $T \subseteq N \setminus \{i,j\}$ に対し，$v(T \cup \{i\}) > \sum_{k \in T \cup \{i\}} \bar{x}_k$ または $v(T \cup \{j\}) > \sum_{k \in T \cup \{j\}} \bar{x}_k$ が成り立つ．なぜならそれ以外の提携 S については両方の利得ベクトル $x, \bar{x}$ に対し，利得の和が等しく，$\sum_{k \in S} \bar{x}_k = \sum_{k \in S} x_k \geq v(S)$ が成り立つからである．

厳密な 2 つの不等号のうち，前者が成り立つとすると

$$v(T \cup \{i\}) > \sum_{k \in T \cup \{i\}} \bar{x}_k = \sum_{k \in T} x_k + x_j \geq v(T \cup \{j\}) = v(T \cup \{i\})$$

となり，矛盾である．同様に，後者を仮定しても矛盾が生ずる．したがって $\bar{x} \in C(N,v)$ でなければならない． (証明終)

● 対称ゲームのコア

その補助定理を使うと次の対称ゲームにおけるコアの存在条件を導くことができる．

> **定理 11.1**
>
> 対称ゲーム (N,v) のコアが存在するための必要十分条件は
>
> すべての $S \subset N$ に対して，$\dfrac{v(S)}{|S|} \leq \dfrac{v(N)}{|N|}$
>
> である．

証明

コアが存在すると仮定し，コアに属するある利得ベクトル x をとる．対称ゲームにおいては，すべてのプレイヤーが互いに対称であるから，ベクトル x において，どのペアに対しても，その 2 人の利得を入れ替えた利得ベクトル $\bar{x}$ はコアに属する．すべてのペアに関するこのような利得の入れ替えを続けることによって，$n!$ 個のすべての置換に対応する利得ベクトルを求めることができる．これらのすべてのベクトルに対し，均等な重みによる凸結合を考えると，それは $y = \left(\dfrac{v(N)}{|N|}, \dfrac{v(N)}{|N|}, \dfrac{v(N)}{|N|}, \ldots, \dfrac{v(N)}{|N|} \right)$ と

なり，コアは凸集合であるのでこのベクトル y もコアに属さなければならない．すなわち，コアが存在すれば，y がコアに属し，

$$\sum_{i \in S} y_i = \sum_{i \in S} \frac{v(N)}{|N|} = |S|\frac{v(N)}{|N|} \geq v(S)$$

が成り立たなければならない．これは定理の条件と一致する．

逆にこの条件が満たされるとき，明らかにベクトル y がコアに属するので，コアは存在する． (証明終)

なお，ゲームが対称であるとき，後の章で述べる多くの1点解は，この証明で与えられた $y = \left(\frac{v(N)}{|N|}, \frac{v(N)}{|N|}, \frac{v(N)}{|N|}, \ldots, \frac{v(N)}{|N|}\right)$ に一致する．

11.2 コアの存在する必要十分条件

● 平衡ゲーム

それでは，一般のゲームにおいてコアの存在する条件を調べよう．この条件は前章で紹介した3人ゲームの条件の一般化である．

まず，平衡ゲームを定義するために平衡集合族を定義する必要がある．N の非空な真部分集合の族 $\{S_1, S_2, \cdots, S_m\}$ が，ある正の数のベクトル(重みベクトル)$\gamma = (\gamma_{S_1}, \gamma_{S_2}, \cdots, \gamma_{S_m})$ に対して

$$\text{すべての } i \in N \text{ について，} \sum_{k: S_k \ni i} \gamma_{S_k} = 1$$

が成り立つとき，平衡集合族と言う．さらに，ゲーム (N,v) に対し，すべての平衡集合族 $\{S_1, S_2, \cdots, S_m\}$ とその任意の重みベクトル $\gamma = (\gamma_{S_1}, \gamma_{S_2}, \cdots, \gamma_{S_m})$ に対し，

$$\sum_{k=1}^{m} \gamma_{S_k} v(S_k) \leq v(N)$$

11.2 コアの存在する必要十分条件

が成り立つとき,そのゲームを**平衡ゲーム**(balanced game)と言う.

3人ゲーム $(\{1,2,3\},v)$ において,$\{\{12\},\{13\},\{23\}\}$ は重みベクトル $\left(\frac{1}{2},\frac{1}{2},\frac{1}{2}\right)$ を持つ,平衡集合族である.このゲームが平衡ゲームであれば,コアの存在条件 $\frac{1}{2}v(12)+\frac{1}{2}v(13)+\frac{1}{2}v(23) \leq v(N)$ を満たす.

平衡ゲームは次のように解釈することができる.各プレイヤーは1つの提携に参加せずともよく,いくつかの提携に参加できると仮定する.このとき,彼らはそれぞれ自分の所属する提携への参加率を持っており,その合計は1である.提携が形成されるためには,その提携のメンバー全員の参加率が等しくなければならず,その等しい参加率がその提携が形成される重みとなる.その条件の下で,形成されることが可能なすべての提携(平衡集合族)を考える.このとき,形成された提携の重みつき合計値が平衡ゲームの定義の左辺である.これが全体提携値を超えないことが平衡ゲームの条件である.すなわち,どのようなプレイヤーの参加率を想定しても全体提携の形成のほうが有利であることを,この条件は示している.

コアが存在するゲームを平衡ゲームと呼ぶことが多いが,それは次の定理による.

> **定理 11.2**
>
> ゲーム (N,v) のコアが存在するための必要十分条件は,そのゲームが平衡ゲームであることである.

証明

今,線形計画問題

$$\min\ z = \sum_{i \in N} x_i,\ \text{sub to}\ \sum_{i \in S} x_i \geq v(S)\ \forall S \subset N$$

を考える.この最小化問題の最適解を x^*,最小値を z^* とするとき,コアに属する点 x は実行可能解となるので $z^* \leq \sum_{i \in N} x_i = v(N)$ を満たす.また,$z^* \leq v(N)$ であれば,$x_i = x_i^* + \frac{v(N)-z^*}{|N|}\ \forall i \in N$ で定義される配分 x はコアに属するので,コアが存在す

る．すなわち，ゲーム (N,v) のコアが非空となる必要十分条件は $z^* \leq v(N)$ である．
この最小化問題の双対問題

$$\max w = \sum_{S:S \subset N} \gamma_S v(S), \text{ sub to } \sum_{S:S \ni i, S \subset N} \gamma_S = 1 \ \forall i \in N, \ \gamma_S \geq 0 \ \forall S \subset N$$

を考える．両問題はいずれも実行可能解を持つので[注1]，双対定理より，双対問題の最大値を w^* とすると，$z^* = w^*$ を満たす．

この最大化問題を書き直すと，$\gamma_S > 0 \ \forall S \subset N$ を満たす任意の重み γ_S に対し，$w^* \geq \sum_{S:S \subset N} \gamma_S v(S)$ が成り立つことと同値であり，これは，それらの重みに対し $v(N) \geq \sum_{S:S \subset N} \gamma_S v(S)$ が成り立つことと同値である． （証明終）

● 市場ゲーム

平衡ゲームの経済学的に興味深い例は市場ゲームである．市場ゲームは次のように定義される．

市場に m 種類の財 $(k=1,\cdots,m)$ が存在するとし，各プレイヤー $i \in N = \{1,2,\cdots,n\}$ の所有する財は m 次元非負ベクトルで表されるとする．各プレイヤー i が市場に参加するときに保有する財ベクトル（初期保有）は，$w_i = (w_i^1, w_i^2, \cdots, w_i^m) \in \mathbb{R}_+^m$ で表されるとする．また，各プレイヤー i の財ベクトル $x = (x^1, x^2, \cdots, x^m) \in \mathbb{R}_+^m$ に対する好みは効用関数 $u_i(x)$ で表されているとする．

このとき，市場ゲームの提携値は，各 $S \subseteq N$ に対し，

$$v(S) = \max \left\{ \sum_{i \in S} u_i(x_i^1, x_i^2, \cdots, x_i^m) \middle| \sum_{i \in S} x_i^k = \sum_{i \in S} w_i^k \text{ for } k = 1, 2, \cdots, m \right\}$$

で表される．すなわち，プレイヤーは提携を形成すると，そのメンバーの間で自分の初期保有する財を交換し，効用の和を最大化する．

注1 双対問題の実行可能解の一つは $\gamma_{\{i\}} = 1 \ \forall i \in N, \gamma_S = 0 \ \forall S \ (|S| \neq 1)$，で与えられる．

11.2 コアの存在する必要十分条件

> **定理 11.3**
>
> 市場ゲームにおいて効用関数 u_i が次の凹性を満たすとする.
>
> **凹性**：2 つの財ベクトル $x=(x^1,x^2,\cdots,x^m)$ と $y=(y^1,y^2,\cdots,y^m)$ に対して任意の λ $(0\leq\lambda\leq 1)$ に対し,
> $$u_i(\lambda x+(1-\lambda)y)\geq \lambda u_i(x)+(1-\lambda)u_i(y).$$
>
> このとき，市場ゲームは平衡ゲームである．

証明

$\{S_1,S_2,\cdots,S_m\}$ を任意の平衡集合族とし，その任意の重みベクトルを $\gamma=(\gamma_1,\gamma_2,\cdots,\gamma_m)$ とする．

提携 S に対し，提携値 $v(S)$ を実現する財ベクトルの組を $(x_i^S)_{i\in S}$ とする．すなわち，

$$v(S)=\sum_{i\in S}u_i(x_i^S),\quad \sum_{i\in S}x_i^S=\sum_{i\in S}w_i$$

が成り立つ．このとき，効用関数 u_i の単調性，凹性と重みベクトル γ が $\sum_{k:S_k\ni i}\gamma_k=1$ を満たすことから

$$\sum_{k=1}^m \gamma_k v(S_k)=\sum_{k=1}^m \gamma_k \sum_{i\in S_k}u_i(x_i^{S_k})$$

$$=\sum_{i\in N}\sum_{k:S_k\ni i}\gamma_k u_i(x_i^{S_k})\leq \sum_{i\in N}u_i\left(\sum_{k:S_k\ni i}\gamma_k x_i^{S_k}\right)$$

が成り立つ．財ベクトル $z=(z_i)_{i\in N}$ を $z_i=\sum_{k:S_k\ni i}\gamma_k x_i^{S_k}$ にて定義すると，

$$\sum_{i\in N}z_i=\sum_{i\in N}\sum_{k:S_k\ni i}\gamma_k x_i^{S_k}=\sum_{k=1}^m \gamma_k \sum_{i\in S_k}x_i^{S_k}$$

$$=\sum_{k=1}^m \gamma_k \sum_{i\in S_k}w_i=\sum_{i\in N}w_i\sum_{k:S_k\ni i}\gamma_k=\sum_{i\in N}w_i.$$

となる．$v(N)$ の定義から，$\sum_{i\in N}u_i(z_i)\leq v(N)$ となるので，

$$\sum_{k=1}^{m}\gamma_k v(S_k)\leq \sum_{i\in N}u_i\left(\sum_{k:S_k\ni i}\gamma_k x_i^{S_k}\right)=\sum_{i\in N}u_i(z_i)\leq v(N)$$

が成り立つ．したがって平衡ゲームである． (証明終)

定理の証明から市場ゲームの任意の部分ゲームもコアを持つことがわかる．このように任意の部分ゲームがコアを持つ平衡ゲームを**全平衡ゲーム**と呼ぶ[注2]．

11.3 凸ゲームとそのコア

● 凸ゲーム

さらにいろいろな応用が多い凸ゲームを紹介しよう．ゲーム (N,v) が**凸ゲーム**であるとは，任意の $i\in N$ と，任意の $S\subset T\subseteq N\setminus\{i\}$ を満たす S,T に対し，

$$v(S\cup\{i\})-v(S)\leq v(T\cup\{i\})-v(T) \tag{11.1}$$

が成り立つことである．プレイヤー i がある提携 $S\subseteq N\setminus\{i\}$ に所属するとき，その所属による提携値の変化分 $v(S\cup\{i\})-v(S)$ を i の S に対する**貢献度**（**限界貢献度**）と呼ぶ．各プレイヤーの提携に対する貢献度が提携のサイズの増大とともに増加するゲームが凸ゲームである．

ゲーム (N,v) が凸ゲームであるための必要十分条件は，任意の $R'\subset N$ と，任意の $S'\subset T'\subseteq N\setminus R'$ を満たす S',T' に対し

$$v(S'\cup R')-v(S')\leq v(T'\cup R')-v(T')$$

が成り立つことである．これは凸ゲームの条件 (11.1) を $|R'|$ 回適応すること

注2 ゲーム (N,v) と $T\subset N$ に対し，部分ゲーム (T,v') を $v'(S)=v(S)$ $\forall S\subseteq T$ で定義する．

で得られる.さらに,その必要十分条件は,任意の提携 $S, T \subseteq N$ に対し,

$$v(S) + v(T) \leq v(S \cup T) + v(S \cap T) \tag{11.2}$$

が成り立つことである.この同値性は $T' = T$, $S' \cup R' = S$ とすると,$S \cup T = T' \cup R'$, $S \cap T = S'$ となることから得られる.この式で $S \cap T = \emptyset$ とすることにより,凸ゲームが優加法性を満たすことがわかる.

● 凸ゲームのコア

凸ゲームにはコアが常に存在し凸多面体となる.その端点は以下のように興味深い方法で計算することができる.

定理 11.4

凸ゲーム (N, v) において,利得ベクトル $x = (x_1, x_2, \cdots, x_n)$ を次のように定義するとき,x はコアの端点となる.

$$x_1 = v(1), \quad x_2 = v(12) - v(1), \quad x_3 = v(123) - v(12), \quad \cdots,$$
$$x_n = v(N) - v(\{1, 2, \cdots, n-1\}).$$

証明

任意の $S \subset N$ をとり,$N \setminus S = \{i_1, i_2, \cdots, i_k\}$ ($i_1 < i_2 < \cdots < i_k$) とする.ゲーム (N, v) の凸性から $\{1, 2, \cdots, i_1 - 1, i_1\} = T$ とすれば,式 (11.2) より,

$$v(S) + v(\{1, 2, \cdots, i_1 - 1, i_1\}) \leq v(S \cup \{i_1\}) + v(\{1, 2, \cdots, i_1 - 1\})$$

を得る.$x_{i_1} = v(\{1, 2, \cdots, i_1 - 1, i_1\}) - v(\{1, 2, \cdots, i_1 - 1\})$ より,$x_{i_1} \leq v(S \cup \{i_1\}) - v(S)$ が成り立つ.$S' = S \cup \{i_1\}$ とすると,再び,ゲームの凸性から

$$v(S') + v(\{1, 2, \cdots, i_1 - 1, i_1, i_1 + 1, \cdots, i_2\})$$
$$\leq v(S' \cup \{i_2\}) + v(\{1, 2, \cdots, i_1 - 1, i_1, i_1 + 1, \cdots, i_2 - 1\})$$

が成り立つ.$x_{i_2} = v(\{1, 2, \cdots, i_2 - 1, i_2\}) - v(\{1, 2, \cdots, i_2 - 1\})$ より,$x_{i_2} \leq v(S' \cup$

$\{i_2\}) - v(S') = v(S \cup \{i_1, i_2\}) - v(S \cup \{i_1\})$ が成り立つ．同様に，不等式

$$x_{i_k} \leq v(S \cup \{i_1, i_2, \cdots, i_k\}) - v(S \cup \{i_1, i_2, \cdots, i_{k-1}\})$$

が成り立つ．これらの議論を続け，さらにそれらを辺々加えると，$\sum_{i \in N \setminus S} x_i \leq v(N) - v(S)$ を得る．全体合理性より $\sum_{i \in S} x_i \geq v(S)$ が成り立つ．

次にこの利得ベクトル x が端点であることを示す．コアに属する点 y, z によって，x が $x = \frac{y+z}{2}$ と表現されたとする．このとき，

$$v(1) = x_1 = \frac{y_1 + z_1}{2} \geq v(1), \ y_1 \geq v(1), \ z_1 \geq v(1)$$

から $x_1 = y_1 = z_1$ が成り立つ．さらに，

$$v(12) = x_1 + x_2 = \frac{(y_1 + y_2) + (z_1 + z_2)}{2} \geq v(12), \ y_1 + y_2 \geq v(12), \ z_1 + z_2 \geq v(12)$$

から $x_1 + x_2 = y_1 + y_2 = z_1 + z_2$ となる．よって，$x_2 = y_2 = z_2$ が成り立つ．

以下同様に，同じ議論を続けると

$$v(\{1, 2, \cdots, i\}) = x_1 + x_2 + \cdots + x_i$$
$$= \frac{(y_1 + y_2 + \cdots + y_i) + (z_1 + z_2 + \cdots + z_i)}{2} \geq v(\{1, 2, \cdots, i\})$$

より $x_i = y_i = z_i \ (i = 1, 2, \cdots, n)$ を得る．これは x がコアの端点であることを示している． (証明終)

この定理では順列，$1, 2, 3, \cdots, n$ に従って，プレイヤーの利得ベクトルを定義したが，どの順列に関しても同じ定理が成り立つことに注意しておく．

● 破産ゲームのコア

凸ゲームの興味深い例は，破産ゲームである．破産ゲームが凸ゲームであることを示そう．任意の $S, T \subseteq N$ をとる．$E - \sum_{k \in N \setminus S} d_k > 0$, $E - \sum_{k \in N \setminus T} d_k > 0$ のとき，

$$v(S) + v(T) = \left(E - \sum_{k \in N \setminus S} d_k\right) + \left(E - \sum_{k \in N \setminus T} d_k\right)$$

$$= \left(E - \sum_{k \in N \setminus (S \cup T)} d_k\right) + \left(E - \sum_{k \in N \setminus (S \cap T)} d_k\right)$$

$$\leq \max\left(0, E - \sum_{k \in N \setminus (S \cup T)} d_k\right) + \max\left(0, E - \sum_{k \in N \setminus (S \cap T)} d_k\right)$$

$$= v(S \cup T) + v(S \cap T)$$

が成り立つ．$E - \sum_{k \in N \setminus S} d_k \leq 0$, $E - \sum_{k \in N \setminus T} d_k \leq 0$ のとき，$v(S) + v(T) = 0 \leq v(S \cup T) + v(S \cap T)$ である．どちらか一方が正，他方が非正のとき，例えば $E - \sum_{k \in N \setminus S} d_k > 0$, $E - \sum_{k \in N \setminus T} d_k \leq 0$ とすると，$E - \sum_{k \in N \setminus (S \cup T)} d_k \geq E - \sum_{k \in N \setminus S} d_k > 0$ が成り立つので，

$$v(S) + v(T) = v(S) = E - \sum_{k \in N \setminus S} d_k \leq E - \sum_{k \in N \setminus (S \cup T)} d_k = v(S \cup T)$$

$$\leq v(S \cup T) + v(S \cap T)$$

を得る．$E - \sum_{k \in N \setminus S} d_k \leq 0$, $E - \sum_{k \in N \setminus T} d_k > 0$ のケースも同様である．これで，破産ゲームが凸ゲームであることが証明された．これにより破産ゲームにおいてコアが存在することがわかる．

● 完全ビッグボスゲームとそのコア

最後に凸ゲームではないが，似た性質をもち，様々な応用のある完全ビッグボスゲームを紹介しよう．ビッグボス k のいる完全ビッグボスゲームは，次の3つの性質で定義される．

(1) ビッグボス性：$S \not\ni k$ のとき $v(S) = 0$.
(2) 凹性：$k \in S \subset T \subseteq N \setminus \{i\}$ を満たす任意の $S, T, i \in N$ に対し，
$v(S \cup \{i\}) - v(S) \geq v(T \cup \{i\}) - v(T)$.
(3) 単調性：すべての $S, T (S \subseteq T \subseteq N)$ に対し，$v(S) \leq v(T)$.

このゲームでは，プレイヤー k は非常に強い力を持っており，このプレイ

ヤーなしでは全く利益が得られない．さらに，(2) の凹性から提携のサイズが小さくなればなるほどプレイヤーの貢献度が大きくなり，ちょうど凸ゲームと逆の関係になっていることがわかる．なお，この (2) の条件を $v(N)-v(S) \geq \sum_{j \in N \setminus S}(v(N)-v(N \setminus \{j\}))$ $\forall S \ni k$ に弱めたゲームは**ビッグボスゲーム**と呼ばれている．

(2) の条件が，この弱めた条件を導くことは，$N \setminus S = \{i_1, \cdots, i_{n-s}\}$ とし，

$$v(N) - v(N \setminus \{i_1\}) = v(N) - v(N \setminus \{i_1\})$$

$$v(N \setminus \{i_1\}) - v(N \setminus \{i_1, i_2\}) \geq v(N) - v(N \setminus \{i_2\})$$

$$\vdots$$

$$v(N \setminus \{i_1, \cdots, i_{n-s-1}\}) - v(N \setminus \{i_1, \cdots, i_{n-s}\}) \geq v(N) - v(N \setminus \{i_{n-s}\})$$

を辺々加えることから得られる．完全ビッグボスゲームでは，ビッグボス k を含むすべての部分ゲームがビッグボスゲームとなる．

完全ビッグボスゲーム，ビッグボスゲームのコアはともに

$$C(N,v) = \{x \in I(N,v) \mid 0 \leq x_i \leq v(N) - v(N \setminus \{i\}) \ \ \forall i \neq k\}$$

で与えられ，ビッグボス k が得る最大の利得は $x_k = v(N)$ であり，最小の利得は $x_k = v(N) - \sum_{j \neq k}(v(N) - v(N \setminus \{j\}))$ となる．読者自ら確かめていただきたい．

安定集合 12

　本章では，支配関係の概念を用いて，より巧妙に定義された提携形ゲームの解である安定集合を紹介する．安定集合は，フォン・ノイマンとモルゲンシュテルンが著書『ゲームの理論と経済行動』[33]において，最も多くの紙数を割いて説明した解の概念である．特に，定和3人ゲームの安定集合を丁寧に分析している．

　最近，この安定集合の概念を非協力ゲームに適応する研究が進んでいる．

> **講義のポイント**
> ●安定集合 ●2人ゲームの安定集合 ●安定集合の同型性 ●3人拒否権ゲーム ●基本三角形における支配関係 ●3人拒否権ゲームの安定集合の図示 ●3人多数決ゲーム ●3人多数決ゲームの安定集合の求め方 ●3人ゲームの客観解 ●3人ゲームの差別解 ●凸ゲームの安定集合

12.1 安定集合の定義

● 安定集合

コアは他の配分に支配されない配分の集合として定義されたが，その逆に，他の配分を支配する配分を考えてみよう．

1つの配分で，他のすべての配分を支配するものは存在しない．そこで，ある配分の集合を考え，他のすべての配分が，この集合に属するいずれかの配分によって支配されるようにできるであろうか．例えば，配分集合 I 自身を考えると，I に属さない配分は存在しないので自動的にこの条件を満たしている．しかし，I に属する配分の間には支配関係があるので，その意味で解としては望ましくない．解として考える集合に属する配分の間には支配関係がないことが望ましい．このような考え方で定義されたのが安定集合である．安定集合はフォン・ノイマン=モルゲンシュテルン解（vNM 解）と呼ばれることもある．

> ● 定義：安定集合
> 以下の内部安定性と外部安定性を満たす集合 K を安定集合と言う．
>
> (1) 内部安定性：すべての $x, y \in K$ に対し，$x \operatorname{dom} y$ も $y \operatorname{dom} x$ も成立しない．
> (2) 外部安定性：すべての $y \in I \setminus K$ に対し，$x \operatorname{dom} y$ なる $x \in K$ が存在する．

安定集合に関して，他の解と異なる注意すべき点は，解がただ1つに定まらない可能性があることである．コアは集合ではあるが，同じゲームにおいて別のコアが存在する可能性はない．しかし安定集合はこの性質を持たない．そのような例を 12.2 節で示そう．

12.1 安定集合の定義

● 2人ゲームの安定集合

2人ゲームの安定集合を求めよう．2人ゲームにおいて，配分の間にはいかなる支配関係もない．したがって，どの安定集合もすべての配分を含んでいなければならない．さもないと，安定集合の配分に支配されない外部の配分が存在することになり，外部安定性が成り立たない．さらに，いかなる配分の間にも支配関係は成り立たないのであるから，当然，内部安定性も成り立つ．したがって2人ゲームの配分集合は唯一の安定集合になる．

この考察は，実は次の有用な定理と関係している．コアに属する配分はいかなる配分にも支配されないので，安定集合の外部安定性を成り立たせるためには安定集合の外部にコアに属する配分が存在することはできない．これは，次の定理が成り立つことを示唆している．

> **定理 12.1**
> 安定集合 K が空集合でないとき，コア C に対し，$C \subseteq K$ が成り立つ．

● 安定集合の同型性

次にもう一つの基本定理である，戦略的に同等なゲームにおける安定集合の同型性を示そう．すでに，第10章の定理10.1において，戦略的に同等なゲームにおいて，2つのゲームの配分の間の支配関係が保存されることが示されている．したがって，配分の集合と支配関係によってのみ定義される解である安定集合は，戦略的に同等なゲームにおいて同型になるので，次の定理が成り立つ．その証明は省く．

> **定理 12.2**
> 戦略的に同等な2つのゲーム (N,v), (N,v') の安定集合は配分の間の戦略的同等な変換 $x'_i = \alpha x_i + \beta_i$, $i \in N$ によって同型である．

安定集合の形状については未だにわかっていないことが多い．しかしながら，

例えば，3人ゲームでは，すべての安定集合を求めることができ，存在することがわかっている．それでは，3人ゲームの安定集合を求めてみよう．

12.2　3人拒否権ゲームの安定集合

● 3人拒否権ゲーム

ここでは，プレイヤー1が拒否権を持つ3人拒否権ゲームを考える．そのゲームは次のように定義される．ここで，$N=\{1,2,3\}$ とする．

$$v(N)=v(12)=v(13)=1, \quad v(23)=v(1)=v(2)=v(3)=0.$$

このゲームでは，プレイヤー1を含む提携以外は1を獲得できないので，「$v(S)=1$」を S が協力して提案を可決させることと見なすと，プレイヤー1を含まない限り可決することができないことに対応する．すなわちプレイヤー1がその提案に対して拒否権を持つと考えることができる．このゲームのコアはただ1点からなり，$\{(1,0,0)\}$ となる．それでは，このゲームの安定集合を求めてみよう．

● 基本三角形における支配関係

安定集合を求めるために，3人ゲームの配分の集合を表す基本三角形において，配分の間の支配関係を図示する方法を考えよう．

図 12.1 には，点 $x^*=(x_1^*, x_2^*, x_3^*)$ によって支配される可能性のある配分の集合が示されている．実行可能性の条件 $x_1^*+x_2^* \leq v(12)$ が満たされていると仮定したとき，領域 (α)（境界を含まない）に属する配分は，x^* によって，提携 $\{1,2\}$ を通じて支配されている．同様に，条件 $x_1^*+x_3^* \leq v(13)$, $x_2^*+x_3^* \leq v(23)$ が満たされていると仮定したとき，領域 (β)，領域 (γ) に属する配分は，それぞれ提携 $\{1,3\}$, $\{2,3\}$ を通じて x^* に支配されている（境界は含まない）．このとき，例えば，x^* が条件 $x_2^*+x_3^* \leq v(23)$ を満たすことは，$x_1=v(N)-v(23)$ を

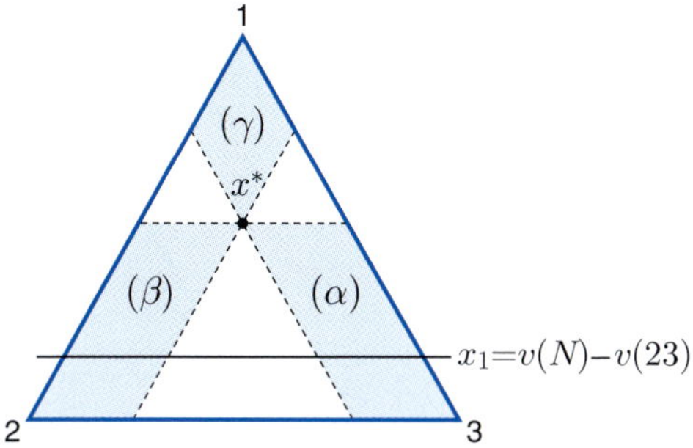

図 12.1　**配分 x の支配域**

満たす直線より点 x^* が上方(境界を含む)になければならない．領域 (α), (β), (γ) を併せて，配分 x^* の支配域と呼ぶ．

3 人拒否権ゲームの安定集合の図示

この拒否権ゲームでは，$v(23)=0$ より提携 $\{2,3\}$ を通じて支配することはできないので，x^* によって支配される配分の領域は (α) と (β) のみを考えればよい．

図 12.2 を見ていただきたい．このゲームのコアは $\{(1,0,0)\}$, すなわち, 点 A ただ 1 点であるので，まず，安定集合がこの点を含むことは確かである．点 A だけでは他のすべての配分を支配することができないので，点 A から基本三角形の底辺に向けて，三角形内の任意の方向に短い線分 AB を引いてみよう．このとき，どのような方向に線分 AB を引いても，その線分上のすべての点(配分)は互いに支配関係を持たない．すなわち，線分 AB で示された配分の集合は内部安定性を満たす．

一方，その線分上の点が支配する配分の集合は図 12.2 (a) の網かけ部分(境界を含まない)になる．この集合によって支配されない配分があるのは明らかである．次に線分の端点 B から，基本三角形の底辺に向けて，任意の方向に短い線分 BE を引いてみよう(図 12.2 (b) 参照)．この新たな線分 BE 上の任意の点の間で互いに支配関係を持たないためには，線分 BE が正三角形 BCD の境界を

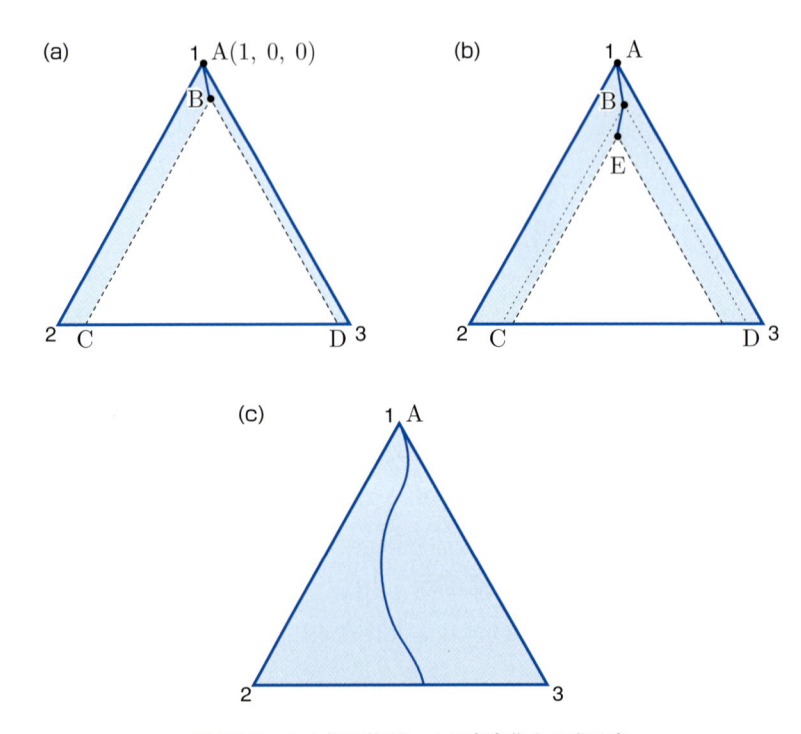

図 12.2 3 人拒否権ゲームの安定集合の求め方

含む内部になければならない．さらに，このとき，線分 BE と線分 AB の各点の間にも支配関係はないので，これらの合併集合は内部安定性が成り立つ．しかしながらその集合の点によって支配されない配分があるので，未だ外部安定性は成り立たない．

この議論を続けていき，点 A から基本三角形の底辺に向かう折れ線が底辺に達したとき，この連続した折れ線上の点の集合は内部安定性と外部安定性を満たす．すなわち，この集合は安定集合となる．この折れ線の各直線部分を限りなく短くしていくと，曲線を得ることができる．その曲線を示したのが図 12.2 (c) であり，これも安定集合となる．この曲線上では，点 A からスタートしてプレイヤー 1 の利得が減少するとともに，プレイヤー 2, 3 のいずれの利得も増加する（厳密には非減少である）．

この求め方からもわかるように，安定集合の形状はただ1つとは限らない．例えば点Aから底辺へ垂線を下ろしても安定集合になるし，他にもこのような折れ線，曲線の作り方は無数にある．その1つ1つが安定集合である．このような意味で，安定集合はただ1つではない．一方，安定集合はここで示したタイプのものしかない．それはこの集合の作り方から明らかである．さらに，よく観察すると任意の配分に対し，それを含む少なくとも1つの安定集合がある．例えば点 (0,1,0) を含む安定集合はただ1つであり，点Aとその点を結ぶ線分である．

図12.2 (c) の安定集合の曲線は**交渉曲線**と呼ばれ，プレイヤー2と3の協力あるいは結託によりゲームの解としてコアに新たに加えられた部分である．プレイヤー1は2あるいは3の協力なしに，協力の果実である利得1を得ることができず，プレイヤー2と3の結託の強さの度合いと，彼らとプレイヤー1との間の交渉力およびプレイヤー2と3の間の力関係によって最終的な利得分配が定まると考えられる．

12.3　3人多数決ゲームの安定集合

● 3人多数決ゲーム

次に，3人多数決ゲームを考えよう．そのゲームは次のように定義される．

$$v(N) = v(12) = v(13) = v(23) = 1, \quad v(1) = v(2) = v(3) = 0.$$

このゲームの特徴は2人以上の提携はすべて1を獲得できることである．言い換えると，2人以上の提携は常に協力して提案を通すことができるゲームである．このゲームの重要な点はコアが存在しないことである．さらに，対立する提携同士，例えば {1,2}, {3} の間の2人ゲームを考えると一定和ゲームであることがわかる．それでは，このゲームの安定集合を求めてみよう．

● 3人多数決ゲームの安定集合の求め方

このゲームにはコアが存在しないので,考察を始める出発点がない.1点で他のすべての配分を支配するような配分は存在しないので,少なくとも安定集合は2点以上の点からなる.そこで,互いに支配関係のない2点のとり方を考えてみよう.

このゲームではどのような2人提携 $\{1,2\}, \{1,3\}, \{2,3\}$ もそれを通して支配することが可能であることに注意すると,2点 x, y が安定集合 K に属するのであれば,x, y は基本三角形のいずれかの辺に平行な直線上になければならない.そうでないと,いずれか一方が他方を支配してしまう.しかしながら2点だけではどのように点をとっても他のすべての配分を支配することができない.そこで,さらに内部安定性を満たしながら他の点を加える必要があるが,それは次の2つのケースしかない.

(i) 一直線上に,他の点を加えていく.
(ii) 正三角形の3つの頂点となるようにもう一つの点を加える.

このいずれかが安定集合の候補となる.初めに (ii) のケースを考えよう.

図12.3 (a) のような順方向の正三角形 ABC の頂点の集合 $\{A, B, C\}$ を考える.このとき各点の支配する領域を斜線および平行線(境界含まず)で示すと,どのような形の正三角形を考えても,正三角形 ABC の内部は支配されない.したがって,この集合は外部安定性を満たさないので安定集合ではない.

● 3人ゲームの客観解

続いて図12.3 (b) のような上下逆の正三角形 DEF の頂点の集合 $\{D, E, F\}$ を考えよう.このとき,各点の支配する領域を斜線および平行線(境界含まず)で示すと,いずれの提携でも支配されない領域が3つ存在する $((\alpha), (\beta), (\gamma))$.これらの領域が存在しないように上下逆の正三角形 DEF の大きさと位置を調整すると,それが図12.3 (c) の位置に置かれたときにはこの3つの領域が消失する.

12.3 3人多数決ゲームの安定集合

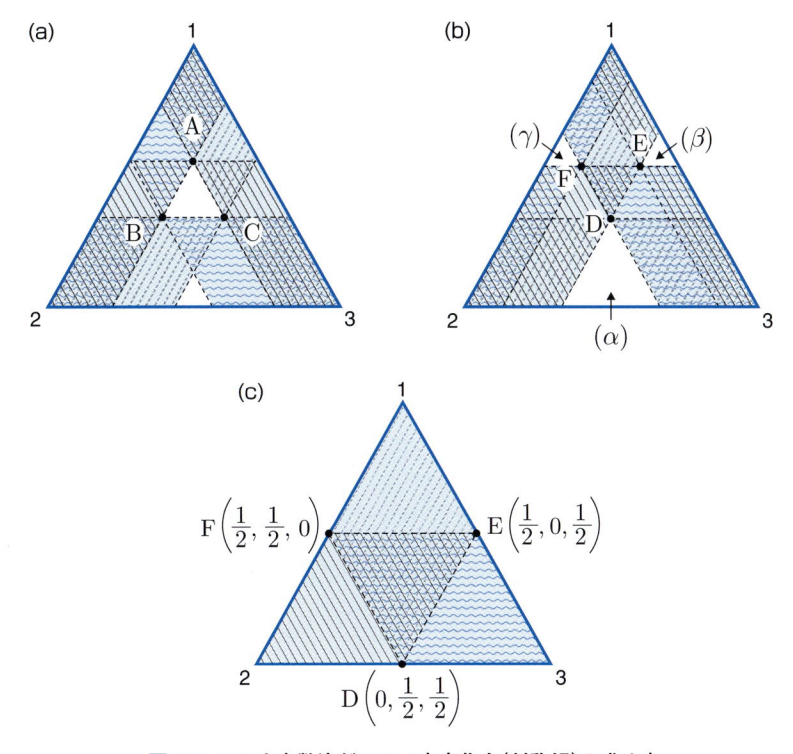

図 12.3 3人多数決ゲームの安定集合(対称解)の求め方

すなわち3点の集合

$$K_0 = \left\{ \left(0, \frac{1}{2}, \frac{1}{2}\right), \left(\frac{1}{2}, 0, \frac{1}{2}\right), \left(\frac{1}{2}, \frac{1}{2}, 0\right) \right\}$$

は外部安定性も満たし，安定集合となることがわかる．

　この安定集合では $\{1,2\},\{1,3\},\{2,3\}$ のうちいずれかの提携(結託)が形成され，形成された提携内で利得1を均等に分配している．すなわち，3人のうち1人が排除されているが，どの1人が排除されるかは決まっていない．その1人はプレイヤー間の交渉力によって決まると考えられ，それを巡って競争的な交渉が行われる．この安定集合 K_0 は客観解または対称解と呼ばれている．

● 3人ゲームの差別解

さらに，(i) のケースを考察しよう．基本三角形の底辺に平行な直線を考えたとき，外部安定性よりすべての直線部分を含まなければならないことがわかる．しかしながら，この場合も，線分 GH に属する配分に支配されない領域 (δ) が存在することが図 12.4 (a) に示されている．

この領域を消失させるためにはこの線分 GH が基本三角形の下半分に位置すればよい (図 12.4 (b))．すなわち，c を $0 \leq c < \frac{1}{2}$ を満たす定数とすると集合

$$K_1^c = \{(x_1, x_2, x_3) = (c, x_2, 1-x_2-c) \in I \,|\, 0 \leq x_2 \leq 1-c\}$$

は外部安定性を満たし，安定集合となることがわかる．同様に他の安定集合

$$K_2^c = \{(x_1, x_2, x_3) = (1-x_3-c, c, x_3) \in I \,|\, 0 \leq x_3 \leq 1-c\},$$
$$K_3^c = \{(x_1, x_2, x_3) = (x_1, 1-x_1-c, c) \in I \,|\, 0 \leq x_1 \leq 1-c\}$$

が得られる．これは 2 人提携を形成して利得 1 を得るための交渉において，排除される 1 人のプレイヤーにあらかじめ定まった利得 c (ただし，$0 \leq c < \frac{1}{2}$) を与えることで，その交渉から去ってもらい，残りの $1-c$ を残された 2 人で分け合う状況を表している．しかし，交渉から降りたプレイヤーが客観解で与えられる $\frac{1}{2}$ より大きければ，誰もが，競争的な交渉より交渉から降りることを望

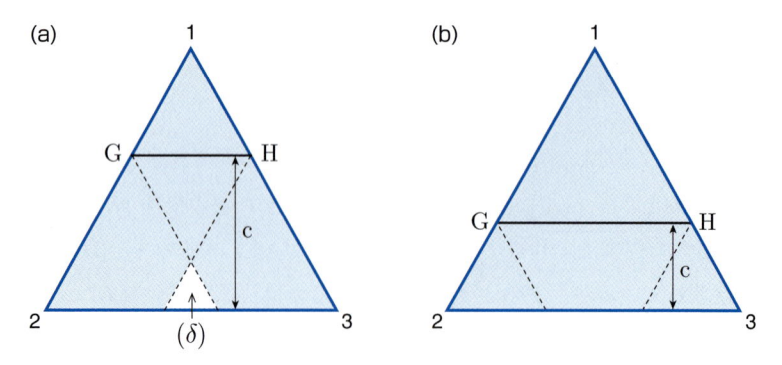

図 12.4 3 人多数決ゲームの安定集合（差別解）の求め方

んでしまうかもしれない．したがって，彼の得る利得は $\frac{1}{2}$ よりも小さい．どのプレイヤーが c をもらい，排除されるかで，3 つのタイプの安定集合 K_1^c, K_2^c, K_3^c があるが，いずれも 1 人のプレイヤーに差別的な待遇を与えており，これらは差別解と呼ばれている．

以上の議論から，このゲームの安定集合はこの 4 タイプ K_0, K_1^c, K_2^c, K_3^c しかないことがわかる．

この他の 3 人ゲームについても，安定集合は常に存在し，その形状はすべて明らかにされている．それはコアが存在する場合は図 12.5(a) のように，コアを表す逆正三角形とその各頂点から基本三角形の各辺に向かう 3 本の交渉曲線を合わせたものであり，コアが存在しない場合は図 12.5(b) のように，正三角

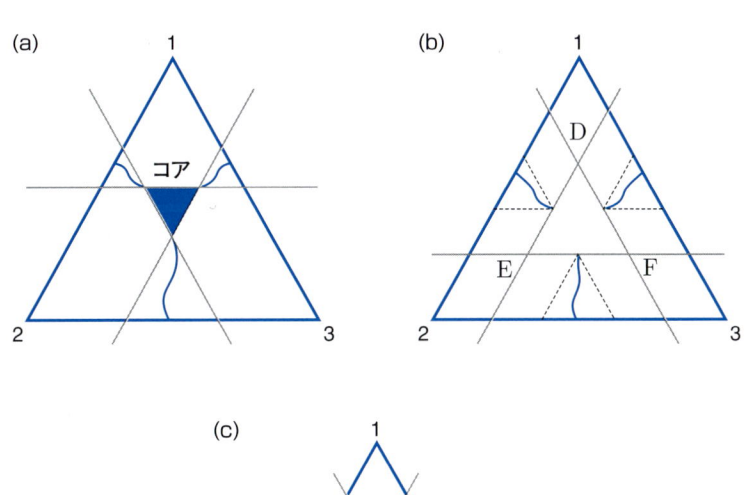

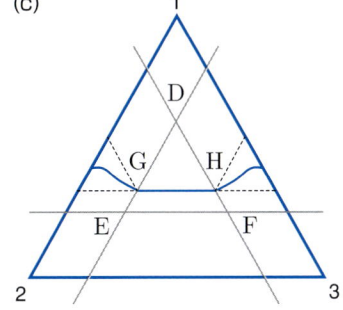

図 12.5　一般の 3 人ゲームの安定集合

形 DEF の各辺の中点から基本三角形の各辺に向かう 3 本の交渉曲線を合わせたものと，図 12.5 (c) のように，正三角形 DEF の差別解 GH と点 G, H から基本三角形の 2 辺に向かう交渉曲線を合わせたものである．

12.4 凸ゲームの安定集合

前章では，凸ゲームのコアについて議論したが，凸ゲームにおいてはコアと安定集合が一致することが知られている．本章では，一般の凸ゲームではなく，全体提携と $n-1$ 人提携だけが提携値をもち，他の提携値はゼロとなるようなゲームにおいて，コアと安定集合が一致することを示そう．

そのようなゲームが凸ゲームである必要十分条件は，すべてのプレイヤー $i, j (i \neq j)$ に対し $v(N) - v(N \setminus \{j\}) \geq v(N \setminus \{i\}) \geq 0$ が成り立つことである．読者自ら確かめていただきたい．

コアは内部安定性を満たすので，さらに外部安定性を満たすことを証明すればよい．今，コアに属さない配分 $x = (x_1, x_2, \cdots, x_n)$ をとる．このとき，ある提携 $N \setminus \{j\} (j \in N)$ が存在して $\sum_{k \in N \setminus \{j\}} x_k < v(N \setminus \{j\})$ が成り立つ．このとき，全体合理性 $\sum_{k \in N} x_k = v(N)$ から $v(N) - v(N \setminus \{j\}) < x_j$ を得る．

一方，すべての $k \in N$ に対し $x_k \geq 0$ が成り立つから，任意の $i \neq j$ に対し $x_i + x_j \leq v(N)$ を得る．

そこで，$\varepsilon = x_j - v(N) + v(N \setminus \{j\}) > 0$ とし，y を $y_j = x_j - \varepsilon$, $y_i = x_i + \frac{\varepsilon}{n-1} (i \neq j)$ で定義すると，$i \neq j$ に対し，

$$y_i > x_i \geq 0, \ y_j = v(N) - v(N \setminus \{j\}) \geq 0,$$

$$\sum_{k \in N \setminus \{i\}} y_k = v(N) - y_i = v(N) - x_i - \frac{\varepsilon}{n-1} > v(N) - x_i - \varepsilon \geq x_j - \varepsilon$$
$$= v(N) - v(N \setminus \{j\}) \geq v(N \setminus \{i\}),$$

$$\sum_{k \in N \setminus \{j\}} y_k = v(N) - y_j = v(N \setminus \{j\}),$$

12.4 凸ゲームの安定集合

$|S| \leq n-2$ に対し $\sum_{k \in S} y_k \geq 0 = v(S)$

が成り立つので，y は配分となり，コアに属する．さらに，$y_i > x_i \ \forall i \in N \setminus \{j\}$ かつ $\sum_{k \in N \setminus \{j\}} y_k = v(N \setminus \{j\})$ である．したがって，コアに属する配分 y が x を支配するので外部安定性が成り立つ．このように外部安定性を満たすコアを安定コアと呼ぶ．なお，一般の n 人凸ゲームについてのコアと安定集合の一致に関する議論は，中山・船木・武藤 [18] を参照するとよい．

ここまで述べた 3 人ゲームや凸ゲームにおいて，安定集合は常に存在する．そこで，一般のゲームにおいても，安定集合が常に存在すると予想されたが，安定集合が存在しない 10 人ゲームの例が発見されてこの予想は否定された．この点に関しては Owen [24] および鈴木・武藤 [32] を参照していただきたい．

仁と破産問題

13

　前章で紹介した安定集合はコアを拡大することを考えたが，本章では，逆にコアを1点に縮小することを考える．そのような解の一つとしてシュマイドラーの考案した仁がある．仁は線形計画法により求めることができ，多彩な応用がある提携形ゲームの興味深い解の一つである．

　本章では，その一つの応用として破産ゲームの仁を分析する．

> **講義のポイント**
> ●提携の不満　●仁　●ε コアと最小コア　●仁を求める線形計画問題　●3人ゲームにおける最小コアと仁　●タルムードの分配　●CG 原理　●整合性を満たす分配

13.1 仁の定義

● 提携の不満

コアの問題点は，存在しない場合があること，また，存在しても多くの配分を含み，ただ1つの配分を定めることができないことである．これらを克服する解として，シュマイドラー (D. Schmeidler) の考案した仁 (nucleolus) を紹介する．

仁は提携の持つ不満という値に基づいて定義される．$I(v)$ を配分の集合とする．$x \in I(v)$ としたとき，$S \subseteq N$ に対する不満（余剰）$e(S,x)$ は $e(S,x) = v(S) - \sum_{i \in S} x_i$ として定義される．すなわち，提携値からその配分の与える利得の和を引いた値である．この値は提携にとって，本来獲得可能な利得からどの程度，獲得利得が少ないか，あるいは多いかを表している．したがって提携を形成したときの提携にとっての不満，あるいはこの値が負のときの絶対値は提携の得た余剰と解釈することができる．

明らかにすべての不満がゼロ以下であるような配分の集合はコア $C(v)$ に一致する．すなわち，$C(v) = \{x \in I \mid e(S,x) \leq 0 \ \forall S \subset N\}$ である．

● 仁

それでは Schmeidler **[27]** に従い，仁を厳密に定義しよう．配分 $x \in I(v)$ に対し，各提携 $S \subset N (S \neq \emptyset)$ の不満を大きい順に並べたベクトルを不満ベクトルと呼び，次のように定義する．

$$\theta(x) = (\theta_1(x), \theta_2(x), \cdots, \theta_{2^n-2}(x)) = (e(S_1, x), e(S_2, x), \cdots, e(S_{2^n-2}, x)).$$

ここで，$e(S_1, x) \geq e(S_2, x) \geq \cdots \geq e(S_{2^n-2}, x)$, $S_k \neq \emptyset$, $S_k \subset N$ である．2つの不満ベクトル $\theta(x), \theta(y)$ の間の大小関係を比較するために次の辞書式順序 $\leq_L$ と $>_L$ を導入しよう．

13.1 仁の定義

$\theta(x) \leq_L \theta(y) \iff \theta(x) >_L \theta(y)$ が成り立たない.

$\theta(x) >_L \theta(y) \iff$ ある k に対し $\theta_1(x) = \theta_1(y)$, $\theta_2(x) = \theta_2(y)$, $\cdots$,
$\qquad \theta_{k-1}(x) = \theta_{k-1}(y)$, $\theta_k(x) > \theta_k(y)$.

すなわち, $>_L$ は, 第1成分から順に比較していき, 初めて異なる成分が現れたときの大小関係で, 2つのベクトル x, y の大小を比較している. このとき, 仁 $\mathcal{N}(v)$ は次のように定義される.

$\mathcal{N}(v) = \{x \in I(v) \mid$ すべての $y \in I(v)$ に対して $\theta(x) \leq_L \theta(y)\}$.

すなわち, 仁は次のように解釈できる. 配分が与えられたとき, 各提携はそれに対する様々な値の不満をもつ. 不満はできるだけ小さいほうがよいが, どの提携の不満を優先させるか判断することは難しい. そこで, それらの不満のうち最大のものに着目し, それを小さくするような配分を求める. そのような配分は必ずしも, ただ1つの配分になるとは限らない. その際にはそれらの配分に対し, 各提携の2番目に大きい不満に着目し, それを最小化する配分を求める. そのような配分が複数以上存在する場合は, 3番目に大きい不満に着目して, 以下同様にこのプロセスを続ける, このとき, この有限なプロセスによって最終的に到達した唯一の配分が仁である.

> **定理 13.1**
> 配分の集合が空集合でない特性関数形ゲームにおいて, 仁は必ず存在し, ただ1つの配分からなる.

この定理の証明は, 次節の仁を線形計画問題で求めるステップのところで説明する. 仁は常に1点であるので $\mathcal{N}(v)$ はその1点のベクトルを表すものとする.

13.2 最小コア，ε コアとの関係

● ε コアと最小コア

コアに類似した概念として ε コアを定義し，それと仁の関係を考えることにより仁を線形計画問題によって計算することができる．すべての提携に対して，不満が ε 以下であるような配分の集合は **ε コア** $C_\varepsilon(v)$ と呼ばれる．すなわち，$\varepsilon \in \mathbb{R}$ に対し，

$$C_\varepsilon(v) = \{x \in I(v) \mid e(S,x) \leq \varepsilon \ \ \forall S \subset N, S \neq \emptyset\}.$$

これは，各提携の形成に ε だけのコストまたは補助が付与されたときのゲームのコアと考えられる．$\varepsilon \leq 0$ のとき，ε コアはコアに含まれる．すべての非空な ε コアの共通部分を **最小コア** $LC(v)$ と呼ぶ．すなわち，

$$LC(v) = \bigcap_{C_\varepsilon(v) \neq \emptyset} C_\varepsilon(v) = C_{\varepsilon_0}(v),$$

ここで，$\varepsilon_0 = \min_{x \in I(v)} \max\{e(S,x) \mid S \subset N, S \neq \emptyset\}$ である．

> **定理 13.2**
>
> 配分集合が存在する任意のゲーム (N,v) において仁 $\mathcal{N}(v)$ はすべての $\varepsilon \in \mathbb{R}$ に関して，ε コア $C_\varepsilon(v)$ が存在する限り $C_\varepsilon(v)$ に含まれる．さらに，最小コア $LC(v)$ に含まれる．

証明

ある ε に関して，$\mathcal{N}(v) \notin C_\varepsilon(v)$ と仮定する．そのとき，ある提携 S が存在して $e(S,\mathcal{N}(v)) > \varepsilon$ が成り立つ．ところが ε コア $C_\varepsilon(v)$ に含まれる任意の配分 x に対し，$e(T,x) \leq \varepsilon$ がすべての $T \subset N, T \neq \emptyset$ に対して成り立つので $\theta(x) <_L \theta(\mathcal{N}(v))$ となり，矛盾である．仁はすべての非空な $C_\varepsilon(v)$ に含まれるので，最小コア $LC(v)$ にも含まれる．

(証明終)

13.2 最小コア, ε コアとの関係

● 仁を求める線形計画問題

この最小コアの考え方を用いると,次のような多段階の線形計画問題で仁を求めることができる.

優加法性を満たすゲーム (N,v) を考え,$\mathcal{P}=\{S\,|\,S\subset N,\ S\neq\emptyset\}$ とおく.

(1) このゲームの最小コアを $LC=C_{\varepsilon_0}=LX^0$ とする.さらに,$\mathcal{Q}^0=\{S\in\mathcal{P}\,|\,e(S,x)=\varepsilon_0\}$ とおく.$\varepsilon_0=\min_{x\in I(v)}\max\{e(S,x)\,|\,S\in\mathcal{P}\}$ である.これは次の線形計画問題を解き,最適解の集合を LX^0,最適値を ε_0 とすることと同じである.

$$\min\ \varepsilon\ \ \mathrm{sub\ to}\ \ \varepsilon\geq e(S,x)\ \ \forall S\in\mathcal{P},\ x\in I(v).$$

(2) LX^0 に関し,最小コアを求めるのと同様に,次の配分の集合 $X_\varepsilon^1=\{x\in LX^0\,|\,$すべての $S\in\mathcal{P}\setminus\mathcal{Q}^0$ に対して,$e(S,x)\leq\varepsilon\}$ を求める.さらに,$LX^1=\bigcap_{X_\varepsilon^1\neq\emptyset}X_\varepsilon^1=X_{\varepsilon_1}^1$ とする.ここで,$\varepsilon_1=\min_{x\in LX^0}\max\{e(S,x)\,|\,S\in\mathcal{P}\setminus\mathcal{Q}^0\}$ である.同時に,$\mathcal{Q}^1=\{S\in\mathcal{P}\,|\,e(S,x)=\varepsilon_1\}$ とおく.これは次の線形計画問題を解き,最適解の集合を LX^1,最適値を ε_1 とすることと同じである.

$$\min\ \varepsilon\ \ \mathrm{sub\ to}\ \ \varepsilon\geq e(S,x)\ \ \forall S\in\mathcal{P}\setminus\mathcal{Q}^0,\ x\in LX^0.$$

(3) (2) と全く同様に LX^1 に関し,$X_\varepsilon^2=\{x\in LX^1\,|\,$すべての $S\in\mathcal{P}\setminus(\mathcal{Q}^0\cup\mathcal{Q}^1)$ に対して,$e(S,x)\leq\varepsilon\}$,さらに,$LX^2=\bigcap_{X_\varepsilon^2\neq\emptyset}X_\varepsilon^2=X_{\varepsilon_2}^2$ とする.ここで,$\varepsilon_2=\min_{x\in LX^1}\max\{e(S,x)\,|\,S\in\mathcal{P}\setminus(\mathcal{Q}^0\cup\mathcal{Q}^1)\}$ である.同時に,$\mathcal{Q}^2=\{S\in\mathcal{P}\,|\,e(S,x)=\varepsilon_2\}$ とおく.以下このステップを続けていくと,最終的には LX^k は1点集合になる.それがこのゲームの仁と一致する.

各ステップにおいて $\max\{e(S,x)\,|\,S\in\mathcal{P}\setminus(\mathcal{Q}^0\cup\mathcal{Q}^1\cup\cdots\cup\mathcal{Q}^k)\}$ は x の連続関数であるから ε_{k+1} が存在し,LX^{k+1} がコンパクト集合になる.さらに各 $\mathcal{Q}^x\neq\emptyset$ であるから,ある時点で,$\mathcal{P}=\mathcal{Q}^0\cup\mathcal{Q}^1\cdots\cup\mathcal{Q}^k$ となり,このステップは終了し,これ以上不満を最小化できなくなり,そのときの LX^k に属する点が仁であることがわかる.すなわち,これは仁の存在証明になっている.

仁が1点であることについては，別の証明が必要となる．それは，任意の $x, y \in I(v)$, $x \neq y$ に対し，$\theta(x) = \theta(y)$, $x \neq y$ のとき，$\theta(\frac{x+y}{2}) <_L \theta(x)$ が成り立つことを用いて得られるが，詳しい証明は中山・船木・武藤 [18]，Owen [24]，Schmeidler [27] などを参照していただきたい．

● 3人ゲームにおける最小コアと仁

このステップを用いて次の A, B, C をプレイヤーとする3人ゲームの最小コアと仁を図 13.1 から求めてみよう（これは次節の破産ゲームの例と一致している）．

$v(\mathrm{ABC}) = 30, \quad v(\mathrm{AB}) = 0, \quad v(\mathrm{AC}) = 10,$

$v(\mathrm{BC}) = 20, \quad v(\mathrm{A}) = v(\mathrm{B}) = v(\mathrm{C}) = 0.$

図 13.1 を見ていただきたい．コア $C(v)$（図の斜線部分）および $\varepsilon = -1, \varepsilon = -5$ のときの ε コア $C_{-1}(v)$（図の網かけ部分），$C_{-5}(v)$（図の太線）が配分の三角形に図示されている．$\varepsilon < -5$ とすると，ε コアは消滅してしまうのでこのときの ε

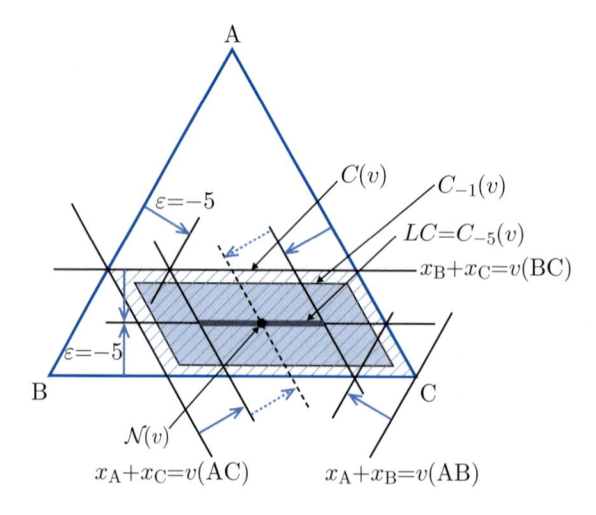

図 13.1 3人ゲームの最小コアと仁

コア $C_{-5}(v) = \{(5, t, 25-t) \mid 5 \leq t \leq 15\}$ が最小コア $LC = LX^0$ となる．したがって $\varepsilon_0 = -5$ であり，$\mathcal{Q}^0 = \{\{A\}\{B,C\}\}$ である．さらに，$\mathcal{Q}^0$ 以外の提携に対して不満を小さくすると $\varepsilon = -10$ のとき，X_ε^1 が1点となり，これより ε を小さくすると X_ε^1 は消滅してしまうことがわかる．したがって，$X_{-10}^1 = \{(5, 10, 15)\}$ が LX^1 であり，仁となる．

仁を x とすると

$$\theta(x) = (-5, -5, -10, -10, -15, -15)$$
$$= (e(A, x),\ e(BC, x),\ e(B, x),\ e(AC, x),\ e(C, x),\ e(AB, x))$$

であり，$\leq_L$ における最小元になっている．

さらに，仁は次の線形計画問題で求められることが知られている(Kohlberg [15] 参照)．$\varepsilon > 0$ を十分に小さな正数とし，提携に適当な順番を付け並べたものを $S_1, S_2, \cdots, S_{2^n-2}$ ($S \subset N,\ S \neq \emptyset$) とし，$\Pi$ をそのような提携番号の集合 $\{1, 2, \cdots, 2^n - 2\}$ におけるすべての順列の集合とする．

$$\min z \ \text{sub to}\ z \geq \sum_{j=1}^{2^n-2} \varepsilon^{\pi(j)-1} \left(v(S_j) - \sum_{k \in S_j} x_k \right)\ \forall \pi \in \Pi,\ x \in I(v).$$

このとき，この問題の最適解 x^* が仁となる．

13.3 破産ゲームの仁

● タルムードの分配

ここで，第9章で紹介した破産ゲームについて話を進めたい．破産ゲームの仁の興味深い性質を説明する前に，この問題の背景を少し紹介しよう．

ユダヤ教の聖典の一つである「バビロニア・タルムード」には，次のような不思議な分配の方法が記されている．ある人が亡くなり財産を残したが，彼は，10万円，20万円，30万円の贈与をすることを約束していた．しかしながら，残

された額は約束した額の総額より少ないので遺言どおりに分配することができない．このとき，もし，残された財産が 10 万円であれば，それぞれの $\frac{1}{3}$ の額である $\frac{10}{3}$ 万円を均等に受け取る．もし，財産が 20 万円であれば，それぞれ，5 万円，7.5 万円，7.5 万円を受け取る．そして，財産が 30 万円であれば，それぞれ，5 万円，10 万円，15 万円を受け取ると記述されていた．この分け方は一見でたらめなように見えるが，統一的に説明する論理が存在する．実は，その方法と提携形ゲームの仁が深く関わっている．この問題において，亡くなった人の財産が不足しているのでそれを破産と考えれば，第 9 章で紹介した破産問題と破産ゲームが定義できる．以下に破産ゲームの定義を再録する．

$$v(S) = \max\left\{0, E - \sum_{i \in N \setminus S} d_i\right\} \quad \forall S \subseteq N.$$

タルムードの問題で，$E = 30$ のときの破産ゲームが前節の 3 人ゲームの例として与えられている．読者自ら確認していただきたい．確かに，そのときの仁 $(5, 10, 15)$ はタルムードの解と一致している．それでは，一般的にはどうであろうか．

● ＣＧ原理

数学的には，破産問題 (N, E, d) に各債権者への分配額のベクトル $y = (y_1, y_2, \cdots, y_n)$ を対応させる関数 $y = f(N, E, d)$ を破産問題の解と考える．これは，$\sum_{j \in N} y_j = E = v(N), y_i \geq 0 \quad \forall i \in N$ を満たすので，破産ゲームの解と考えることもできる．

Aumann and Maschler [2] に従い，この破産問題の解として次のような 2 人の分配問題を考えよう．バビロニア・タルムードの注釈書である「ミシュナ」に次のような話がある．「2 人の人たちが 1 つの布を争っている．1 人は全部を，他の 1 人は半分を要求している．そのとき，この 2 人はそれぞれ，4 分の 3 と 4 分の 1 を受け取る」．この分配には次のような理由付けが考えられる．

布を全部要求している人は，言い換えると，相手に何も与えないことを主張

している．一方，布を半分要求している人は，残りの半分を放棄し相手に与えてもよいことを主張している．その放棄した分を相手の当初の取り分とし，その残りを 2 人で均等に分割すると，一方が $\frac{3}{4}$ を得，他方が $\frac{1}{4}$ を得ることになり，ミシュナの分配が実現される．このような分け方の原理を布争い原理(CG 原理)と呼ぶことにしよう．

この CG 原理による分配を 2 人破産問題 $(\{A,B\}, E, (d_A, d_B))$ の解と考え，それを $y = (y_A, y_B) = f^M(\{A,B\}, E, (d_A, d_B))$ と表すと次のようになる．

$$y_A = \frac{1}{2}\bigl(E - \max\{E - d_A, 0\} + \max\{E - d_B, 0\}\bigr),$$
$$y_B = \frac{1}{2}\bigl(E + \max\{E - d_A, 0\} - \max\{E - d_B, 0\}\bigr).$$

$d_A = 10$, $d_B = 20$ のときこの 2 人の問題の解は図 13.2 で説明することができる．

ここで $E \leq 10$ のとき，A と B は財産を均等に獲得する．$10 \leq E \leq 20$ のとき，A は常に 5 を獲得しその残額を B が獲得する．$20 \leq E < 30$ のとき，A と B の不足額は一致している．

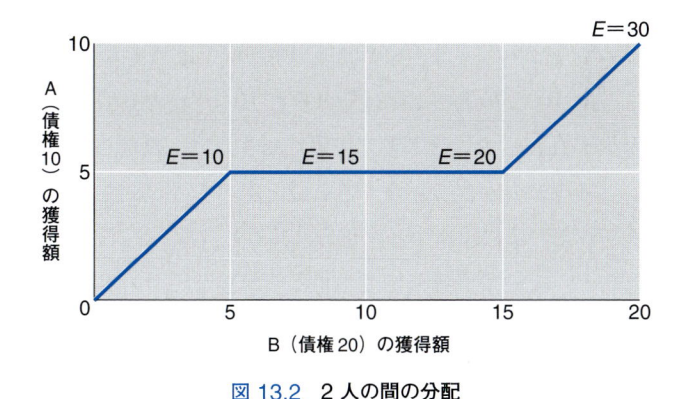

図 13.2　2 人の間の分配

もし，このような CG 原理による 2 人の間の分配方法が受け入れられているのであれば，3 人の間の分配方法もこの方法を基準とし，拡張すべきであろう．2 人の分配方法を 3 人の問題に拡張するには，次の整合性と呼ばれるゲーム理

論や厚生経済学で知られる重要な公平性の基準がある.

● 整合性を満たす分配

3人 A, B, C の間である財産分配が合意されたと仮定しよう. このとき, A と B は, 合意された 2 人の分配額について, その妥当性をもう一度 2 人だけで検討するものとする. その場合, 2 人の合計分配額の配分は CG 原理に従うべきである. 同様なチェックを A と C の組, B と C の組に対してもすることができる. このように, すべてのペアによる CG 原理による再配分のチェックにパスするような配分は, 整合性を満たす配分と呼ばれている.

実は, タルムードによる財産 E の分配は, この基準を満たす唯一の解である (Aumann and Maschler [2] 参照). この解をわれわれは **CG 整合解** と呼ぶことにしよう. n 人破産問題の CG 整合解 $f^{CG}(N,E,d)$ は一般には次のように定義される. $y \in \mathbb{R}^N$ に対し,

すべてのペア $i, j \in N$ に対し

$$f^M(\{i,j\}, y_i+y_j, (d_i, d_j)) = (y_i, y_j) \quad \Rightarrow \quad f^{CG}(N,E,d) = y.$$

様々な財産額 E に対する, 3人破産問題の解を図で求める方法は次の図 13.3 で与えられる. A, B, C の上のセルはそれぞれ 10 万円, 20 万円, 30 万円に相当する貯水タンクを表していると考えていただきたい. ただし, 各タンクは 2 分割され上部と下部に分かれており, さらに, すべてのタンクは連結されている. ここに残された財産に相当する水量を入れると, 各タンクの水位が一致し, その水量が定まる. この量が各債権者の得る分配額に相当する.

図では $E = 20$ のケースの水量が示されている. E が 15 万円以下の場合は, A, B, C に均等に水が貯まり, 15 万円から 25 万円までは, A は 5 万円のままで, B, C に均等に水が貯まる. 25 万円から 30 万円までは, A, B がそれぞれ, 5 万円, 10 万円のままで, C のみに水が貯まる. 30 万円を超えるとちょうど逆の順序で水が貯まっていく. このとき, 任意の 2 人のタンクをとり, そこでの分配方法を考えると, それは CG 原理による分配になっている. したがって,

13.3 破産ゲームの仁

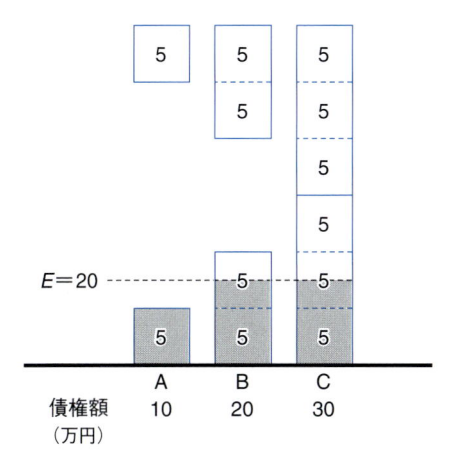

図 13.3　3 人破産問題の解

この図で表される分配方法は CG 整合解である．タルムードの解とこの図で与えられる CG 整合解が一致することを，読者自ら確かめていただきたい．

破産問題の CG 整合解は次のような良い性質を持っている．$x = y^{CG}(N, E, d)$ とすると，

(1) $0 \leq x_i \leq d_i \quad \forall i \in N$,
(2) $d_i < d_j$　ならば　$x_i \leq x_j$,
(3) $E < E'$　ならば　$f_i^{CG}(N, E, d) \leq f_j^{CG}(N, E', d)$.

破産問題の CG 整合解と仁の一致については，次の第 14 章でその証明が与えられる．

交渉集合とカーネル 14

 本章では，前章で紹介した仁を常に含む提携形ゲームの解としてカーネルと交渉集合を紹介する．カーネルは不満の均衡する解として，交渉集合はすべての異議に対し逆異議が存在する解として定義される．特に，交渉集合はコアを含み，常に存在する解であり，最近では経済学への応用も多い．

 さらに，破産問題のタルムードによる解がカーネル，仁と一致することを示す．

> **講義のポイント**
> ●交渉集合 ●交渉集合の性質 ●カーネルと準カーネル ●カーネルの求め方 ●カーネルの性質 ●縮小ゲーム ●整合性公理 ●タルムードの解とカーネルの一致

14.1 交渉集合

● 交渉集合

初めに,交渉集合の定義から始めよう.その定義のために,配分 $x \in I(v)$ に対する異議と逆異議を定義しよう.

> ● 定義：異議と逆異議
>
> $x \in I(v)$ とする.プレイヤー k のプレイヤー $l(k \neq l)$ に対する x における異議とは,次の3条件を満たす利得ベクトルと提携の組 (y, P) $(y \in \mathbb{R}^{|P|}, P \ni k, P \not\ni l)$ である.
>
> (1) $y_k > x_k$,
> (2) すべての $i \in P$ に対し $y_i \geq x_i$,
> (3) $\sum_{i \in P} y_i \leq v(P)$.
>
> 上記の性質を満たす x と (y, P) をとる.このとき,(y, P) に対する逆異議は次の3条件を満たす利得ベクトルと提携の組 (z, Q) $(z \in \mathbb{R}^{|Q|}, Q \ni l, Q \not\ni k)$ である.
>
> (1) すべての $i \in Q$ に対し $z_i \geq x_i$,
> (2) すべての $i \in P \cap Q$ に対し $z_i \geq y_i$,
> (3) $\sum_{i \in Q} z_i \leq v(Q)$.

現在,討議の対象となっている分配の提案 x に対し,あるプレイヤー k の提出する反対提案が異議 (y, P) である.これは P に含まれない l に対する譲歩の要求と考えられる.このとき,この提案により自分を含む提携 P のメンバーは全員,元の分配以上の利得を得て,さらに $\sum_{i \in P} y_i \leq v(P)$ であるから,提携 P だけで実現可能な利得ベクトルである.

しかしながら,異議を提出されたプレイヤー l は,その異議に対する反対提

14.1 交渉集合

案が提出できるかもしれない．それが異議 (y,P) に対する逆異議 (z,Q) である．この Q のメンバーで実現可能な利得ベクトル z により，自分を含み k を含まない提携 Q のメンバー全員に元の配分 x 以上の利得を与え，さらに，k の提案している意義に属する提携 $P \cap Q$ のメンバーには，異議の配分 y 以上の提案を与えており，しかも，$\sum_{i \in Q} y_i \leq v(Q)$ であるから，Q だけで実現可能な分配である．したがって，逆異議は k の異議に対抗できる提案であると考えられる．すなわち，異議が説得性を持つためにはこのような逆異議が存在しないことが重要である．このとき，そのような説得性のある異議が存在しない場合，元の配分 x は，すべてのプレイヤーに受け入れられると考え，交渉の妥結点と考えられる．この妥協点となる配分の集合が交渉集合である．なお，交渉集合は Aumann and Maschler [1] によって初めて定義された．

> **●定義：交渉集合 $\mathcal{M}(v)$**
>
> $\mathcal{M}(v) = \{x \in I(v) \mid $ すべての k の l $(k \neq l)$ に対する x における異議 (y,P) に対し，逆異議 (z,Q) が存在する．$\}$

● 交渉集合の性質

交渉集合は次の有用な性質を持っている．

> **定理 14.1**
>
> 優加法性を満たすゲームにおいて，交渉集合はコアを含む．

証明

x をコアに属する配分とする．ここで，k が $l(k \neq l)$ に対して異議 (y,P) を持つとすると，$y_k > x_k$，すべての $i \in P$ に対して $y_i \geq x_i$，$\sum_{j \in P} y_j \leq v(P)$ が成り立つ．したがって，$y_k - x_k = \delta > 0$ とし，$i \in P$ に対し $z_i = x_i + \frac{\delta}{|P|}$, $i \notin P$ に対し，$z_i = \frac{v(N) - \sum_{j \in P \setminus \{k\}} x_j - y_k - \sum_{j \notin P} v(\{j\})}{|N \setminus P|} + v(\{i\})$ として z を定義すると，優加法性

から，

$$v(N) - \sum_{j \in P \setminus \{k\}} x_j - y_k - \sum_{j \notin P} v(\{j\}) \geq v(N) - \sum_{j \in P} y_j - \sum_{j \notin P} v(\{j\})$$

$$\geq v(N) - v(P) - \sum_{j \notin P} v(\{j\}) \geq 0$$

が成り立つ．したがって z は配分となり，$\sum_{j \in P} z_j \leq v(P), z_i > x_i \ \forall i \in P$ より z は P を通して x を支配する．これは $x \in C(v)$ に矛盾する．よって，x には異議が存在しないので交渉集合に属する． (証明終)

14.2 カーネルと準カーネル

● カーネルと準カーネル

交渉集合は，提案に対する k から l への異議とその逆異議という形の交渉で定義された．これを前章で定義した不満 $e(S,x) = v(S) - \sum_{k \in S} x_k$ を基にした交渉として考えてみよう．ここで $I^*(v) = \{x \in \mathbb{R}^n | \sum_{i \in N} x_i = v(N)\}$ を準配分の集合とする．

任意のペア $i, j (i \neq j)$ に対し，プレイヤー i の j に対する最大不満を $s_{ij}(x) = \max_{S \ni i, S \not\ni j} e(S, x)$ で定義する．このとき，i の j に対する最大不満を i から j への要求，j の i に対する最大不満を j から i への要求と考え，それらが均衡することで交渉が妥結すると考える．そのような妥結がすべてのペア i, j に対して成り立つ準配分の集合を準カーネルと呼ぶ．

準カーネルが配分となるように，たとえ j の i に対する最大不満 $s_{ji}(x)$ が i の j に対する最大不満 $s_{ij}(x)$ より大きいとしても，$v(\{i\}) = x_i$ を満たす場合，i はこれ以上の譲歩ができないので，それも最大不満の均衡として許容することを考える．このときの交渉が妥結する配分の集合をカーネルと呼ぶ．

これらは数式では次のように定義される．なお，カーネルは Davis and Maschler [5] によって初めて定義された．

14.2 カーネルと準カーネル

> ● **定義：準カーネル $\mathcal{K}^*(v)$, カーネル $\mathcal{K}(v)$**
>
> $\mathcal{K}^*(v) = \{x \in I^*(v) \mid $ すべての $i, j\,(i \neq j)$ に対して, $s_{ij}(x) = s_{ji}(x)\}$,
>
> $\mathcal{K}(v) = \{x \in I(v) \mid $ すべての $i, j\,(i \neq j)$ に対して,
>
> $\qquad (s_{ij}(x) - s_{ji}(x))(v(\{i\}) - x_i) \leq 0\}$.

準カーネルが配分集合に含まれるときはカーネルに一致する．また，優加法性を満たすゲームでは準カーネルとカーネルは一致する．これらについては Peleg and Sudholter [25] を参照していただきたい．

● カーネルの求め方

前章で紹介した 3 人ゲームの例

$$v(\mathrm{ABC}) = 30, v(\mathrm{AB}) = 0, v(\mathrm{AC}) = 10, v(\mathrm{BC}) = 20, v(\mathrm{A}) = v(\mathrm{B}) = v(\mathrm{C}) = 0$$

において，カーネルを求めてみよう．このゲームは優加法性を満たすので準カーネルの条件式を満たす配分を求める．$x_\mathrm{A}, x_\mathrm{B}, x_\mathrm{C} \geq 0$，かつ $x_\mathrm{A} + x_\mathrm{B} + x_\mathrm{C} = 30$ より，

$$s_{\mathrm{AC}}(x) = \max\{v(\mathrm{A}) - x_\mathrm{A}, v(\mathrm{AB}) - x_\mathrm{A} - x_\mathrm{B}\} = \max\{0, 0 - x_\mathrm{B}\} - x_\mathrm{A} = -x_\mathrm{A},$$

$$s_{\mathrm{CA}}(x) = \max\{v(\mathrm{C}) - x_\mathrm{C}, v(\mathrm{BC}) - x_\mathrm{B} - x_\mathrm{C}\} = \max\{0, 20 - x_\mathrm{B}\} - x_\mathrm{C}$$

であるから，$s_{\mathrm{AC}}(x) = s_{\mathrm{CA}}(x)$ より $-x_\mathrm{A} = \max\{0, 20 - x_\mathrm{B}\} - x_\mathrm{C}$ を得る．さらに同様にして，$s_{\mathrm{BC}}(x) = s_{\mathrm{CB}}(x)$ より，$-x_\mathrm{B} = \max\{0, 10 - x_\mathrm{A}\} - x_\mathrm{C}$ を得る．

$x_\mathrm{A} \leq 10$ のとき，等式 $-x_\mathrm{B} = \max\{0, 10 - x_\mathrm{A}\} - x_\mathrm{C}$ から $-x_\mathrm{B} = 10 - x_\mathrm{A} - x_\mathrm{C}$ を得，それと $x_\mathrm{A} + x_\mathrm{B} + x_\mathrm{C} = 30$ より $x_\mathrm{B} = 10$ を得る．さらに，$x_\mathrm{B} \leq 20$ のとき，等式 $-x_\mathrm{A} = \max\{0, 20 - x_\mathrm{B}\} - x_\mathrm{C}$ から $-x_\mathrm{A} = 20 - x_\mathrm{B} - x_\mathrm{C}$ を得，それと $x_\mathrm{A} + x_\mathrm{B} + x_\mathrm{C} = 30$ より $x_\mathrm{A} = 5$ を得る．このとき，$x_\mathrm{C} = 15$ となる．

逆に $x_\mathrm{A} \leq 10, x_\mathrm{B} > 20$ のケースでは $x_\mathrm{A} + x_\mathrm{B} + x_\mathrm{C} = 10$ で条件を満たさない．また，$x_\mathrm{A} > 10, x_\mathrm{B} \leq 20$ の場合も $x_\mathrm{A} = 5, x_\mathrm{B} = x_\mathrm{C} = \frac{25}{2}$ で条件を満たさない．

$x_A > 10, x_B > 20$ の場合は $x_A = x_B = x_C = 10$ となり，矛盾するので解を持たない．

したがって，$(x_A, x_B, x_C) = (5, 10, 15)$ は唯一の解となる．この解は配分となり $s_{AB}(x) = s_{BA}(x)$ も満たすので，準カーネルかつカーネルとなる．これは，仁と一致している．

● カーネルの性質

カーネルと交渉集合には以下の関係がある．

> **定理 14.2**
> 交渉集合 $\mathcal{M}(v)$ はカーネル $\mathcal{K}(v)$ を含む．

証明

$x \in \mathcal{K}(v)$ とし，交渉集合に属していないとする．そのとき，逆異議の存在しない k の l に対する x における異議を (y, P) とする．このとき，$x_l > v(l)$ である．なぜなら，$z_l = v(l)$ とすると，$(v(l), \{l\})$ が l の k に対する逆異議になるからである．

したがって，カーネルの定義から $s_{lk}(x) \geq s_{kl}(x)$ が成り立つ．よって $T \ni l, T \not\ni k$ に対して $s_{lk}(x) = v(T) - \sum_{j \in T} x_j$ が成り立つとすると，$P \ni l, P \not\ni k$ で

$$v(T) - \sum_{j \in T} x_j = s_{lk}(x) \geq s_{kl}(x) \geq v(P) - \sum_{j \in P} x_j \geq \sum_{j \in P} y_j - \sum_{j \in P} x_j$$

が成り立つ．よって，

$$v(T) \geq \sum_{j \in T} x_j - \sum_{j \in P} x_j + \sum_{j \in P} y_j$$
$$= \sum_{j \in T \setminus P} x_j - \sum_{j \in P \setminus T} x_j + \sum_{j \in T \cap P} y_j + \sum_{j \in P \setminus T} y_j > \sum_{j \in T \setminus P} x_j + \sum_{j \in T \cap P} y_j$$

を得る．ここで，$z \in \mathbb{R}^{|T|}$ を $j \in T \setminus P$ のとき $z_j = x_j$，$j \in T \cap P$ のとき $z_j = y_j$ とすれば，(z, T) は (y, P) に対する l の逆異議となり矛盾である． (証明終)

さらに，カーネルは仁を含むが証明は省略する．証明については中山・船木・武藤 [18]，Owen [24]，Peleg and Sudholter [25]，鈴木 [31] などを参照していただきたい．3 人ゲームではカーネルは 1 点になるので仁と一致する．

14.3 カーネルの整合性

● 縮小ゲーム

準カーネルは，前章の破産問題において紹介した全体と部分の整合性公理によって特徴付けられる．提携形ゲームの解における整合性公理を定義しよう．なお，本節と次節では，プレイヤー集合を区別するために $I(v)$, $\varphi(v)$ の代わりに $I(N,v)$, $\varphi(N,v)$ のように記述する．ゲーム (N,v) と配分 $x \in I(N,v)$，縮小されたプレイヤー集合 $S \subset N$ に対し，縮小ゲーム (S, v^x) を考える．そのゲームの特性関数は

$$v^x(S) = v(N) - \sum_{j \in N \setminus S} x_j, \quad v^x(\emptyset) = 0,$$

$$v^x(T) = \max \left\{ v(T \cup Q) - \sum_{j \in Q} x_j \,\bigg|\, Q \subseteq N \setminus S \right\} \quad \forall T \subset S,\ T \neq \emptyset$$

で与えられる．この縮小ゲームの各提携 $T \subset S$ に対する提携値 $v^x(T)$ は次のように解釈できる．縮小ゲーム (S, v^x) において，各提携 T は，外部のプレイヤーの提携 $Q \subseteq N \setminus S$ から協力を得られると考えている．そのとき，各 $j \in Q$ がそれぞれ利得 x_j を受け取るということを前提として協力している．このような Q の中で，$v(T \cup Q) - \sum_{j \in Q} x_j$ を最大にするものが縮小ゲームにおける T の提携値となる．

● 整合性公理

準カーネルを特徴付けるために次の 2 つの整合性公理を紹介しよう．$\varphi(N,v)$

を提携形ゲームの解とする．

> **整合性公理**
>
> $x \in \varphi(N,v)$ ならば，すべての非空な $S \subset N$ に対し $x_S \in \varphi(S,v^x)$ [注1]

> **逆整合性公理**
>
> $x \in I^*(N,v)$ のとき，任意の $i,j \in N (i \neq j)$ に対し $x_{\{i,j\}} \in \varphi(\{i,j\},v^x)$ ならば，$x \in \varphi(N,v)$．

> **定理 14.3**
>
> 準カーネル $\mathcal{K}^*(N,v)$ は整合性公理と逆整合性公理を満たす．

証明 [注2]

$T \subset S, i, j \in N (i \neq j)$ とし，縮小ゲーム (S, v^x) を考える．このとき，このゲームにおいて，$x \in I^*(N,v)$ に対し，

$$
\begin{aligned}
s_{ij}^{v^x}(x_S) &= \max\left\{ v^x(T) - \sum_{k \in T} x_k \,\bigg|\, T \subset S, i \in T, j \notin T \right\} \\
&= \max\left\{ \max\left\{ v(T \cup Q) - \sum_{k \in Q} x_k \,\bigg|\, Q \subseteq N \setminus S \right\} - \sum_{k \in T} x_k \,\bigg|\, T \subset S, i \in T, j \notin T \right\} \\
&= \max\left\{ \max\left\{ v(T \cup Q) - \sum_{k \in T \cup Q} x_k \,\bigg|\, Q \subseteq N \setminus S \right\} \,\bigg|\, T \subset S, i \in T, j \notin T \right\} \\
&= \max\left\{ v(P) - \sum_{k \in P} x_k \,\bigg|\, P \subset N, i \in P, j \notin P \right\} = s_{ij}^v(x)
\end{aligned}
$$

が成り立つ．ゆえに，$x \in \mathcal{K}^*(N,v)$ ならば，任意の $i,j \in S (i \neq j)$ に対し，

注1　$x = (x_i)_{i \in N} \in \mathbb{R}^n, S \subset N$ に対し，$x_S = (x_i)_{i \in S}$ とする．
注2　この証明では，対象となるゲームに応じて最大不満を区別しなければならないので $s_{ij}(x)$ の代わりに，対象となるゲーム v を明示して $s_{ij}^v(x)$ のように表記する．

$$s_{ij}^{v^x}(x_S) = s_{ij}^v(x) = s_{ji}^v(x) = s_{ji}^{v^x}(x_S)$$

が成り立つ．よって，$x_S \in \mathcal{K}^*(S, v^x)$ である．

続いて，$x \in I^*(N, v)$ において，すべての $i, j \in N$ $(i \neq j)$ に対し $x_{\{i,j\}} \in \mathcal{K}^*(\{i, j\},$ $v^x)$ とする．このとき，$s_{ij}^{v^x}(x_{\{i,j\}}) = s_{ji}^{v^x}(x_{\{i,j\}})$ が成り立つから，上の議論より，

$$s_{ij}^v(x) = s_{ij}^{v^x}(x_{\{i,j\}}) = s_{ji}^{v^x}(x_{\{i,j\}}) = s_{ji}^v(x)$$

が成り立つ．すなわち，$x \in \mathcal{K}^*(N, v)$ である． (証明終)

提携形 2 人ゲーム $(\{i, j\}, v)$ の**標準解** $\bar{x} = \bar{x}(\{i, j\}, v)$ は

$$\bar{x}_i = \frac{v(ij) + v(i) - v(j)}{2}, \quad \bar{x}_j = \frac{v(ij) + v(j) - v(i)}{2}$$

で定義される．2 人ゲームの準カーネルは標準解に一致する．

さらに，一般のゲームの準カーネル整合性公理によって次のように特徴付けられる．証明は Peleg and Sudholter [25] などを参照していただきたい．

> **定理 14.4**
> 準カーネルは 2 人ゲームにおいて標準解に一致し，整合性公理，逆整合性公理を満たす唯一の解である．

14.4 破産ゲームのカーネルと仁

● タルムードの解とカーネルの一致

本節では，前章に紹介した破産問題の CG 整合解が破産ゲームのカーネルと一致することを示そう．

破産問題 (N, E, d) に対応する破産ゲームを $(N, v_{E,d})$，$v_{E,d}(S) = \max\{0, E - \sum_{k \in N \setminus S} d_k\}$ とし，破産問題に対応する CG 整合解を $y = f^{CG}(N, E, d)$ とする．

このとき，$T=\{i,j\}$ とすると，CG 整合解の性質から 2 人破産問題に対して $(y_i, y_j) = f^M(T, y_i + y_j, d_T)$ が成り立つ．ここで，$d_T = (d_i, d_j)$ である．さらに，$(y_i, y_j) = \bar{x}(T, v_{y_i+y_j, d_T})$ となり，2 人破産ゲーム $(T, v_{y_i+y_j, d_T})$ の標準解と一致している．なぜなら，$y_i + y_j = E'$ とすると，

$$y_i = \max\{0,\ E' - d_j\} + \frac{1}{2}(E' - \max\{0,\ E' - d_i\} - \max\{0,\ E' - d_j\})$$

$$= v_{E', d_T}(i) + \frac{1}{2}(v_{E', d_T}(T) - v_{E', d_T}(i) + v_{E', d_T}(j)) = \bar{x}_i$$

かつ

$$y_j = \max\{0,\ E' - d_i\} + \frac{1}{2}(E - \max\{0,\ E' - d_i\} - \max\{0,\ E' - d_j\})$$

$$= v_{E', d_T}(j) + \frac{1}{2}(v_{E', d_T}(T) - v_{E', d_T}(i) + v_{E', d_T}(j)) = \bar{x}_j$$

が成り立つからである．

次にこの $y \in \mathbb{R}^n$ に対し，破産ゲーム (E, d) から生成される 2 つの 2 人破産ゲーム $(T, v_{y_i+y_j, d_T})$, $(T, (v_{E,d})^y)$ ($T = \{i, j\}$) に対して $v_{y_i+y_j, d_T} = (v_{E,d})^y$ が成り立つことを示す．$v_{E,d} = v$ と書くことにする．まず，$v^y(T) = v(N) - y(N \setminus T) = y_i + y_j = v_{y_i+y_j, d_T}(T)$ である．さらに，ある $R \subseteq N \setminus T$ に対し

$$v^y(i) = \max_{Q \subseteq N \setminus T} \left\{ v(\{i\} \cup Q) - \sum_{k \in Q} y_k \right\} = v(\{i\} \cup R) - \sum_{k \in R} y_k$$

が成り立っているとする．このとき，$y \in f^{CG}(N, E, d)$ であるから，$d_k \geq y_k$ $\forall k \in N$ を用いて

$$v^y(i) = v(\{i\} \cup R) - \sum_{k \in R} y_k = \max\left\{0,\ E - \sum_{k \in N \setminus (R \cup \{i\})} d_k\right\} - \sum_{k \in R} y_k$$

$$\leq \max\left\{0,\ \sum_{k \in N} y_k - \sum_{k \in N \setminus (R \cup \{i\})} d_k - \sum_{k \in R} y_k\right\}$$

14.4 破産ゲームのカーネルと仁

$$= \max\left\{0, \sum_{k\in T} y_k - d_j - \sum_{k\in N\setminus(R\cup T)}(d_k - y_k)\right\} \leq \max\left\{0, y_i + y_j - d_j\right\}$$

が成り立つ. さらに, $Q = N\setminus T$ とすることで,

$$v^y(i) \geq v(\{i\}\cup(N\setminus T)) - \sum_{k\in N\setminus T} y_k$$

$$= \max\left\{0, E - \sum_{k\in N\setminus((N\setminus T)\cup\{i\})} d_k\right\} - \left(\sum_{k\in N} y_k - \sum_{k\in T} y_k\right)$$

$$\geq (E - d_j) - \left(E - \sum_{k\in T} y_k\right) = y_i + y_j - d_j$$

を得る. $Q=\emptyset$ とすることで, $v^y(i) \geq v(i) \geq 0$ を得る. 以上から $v^y(i) = \max\{0, y_i + y_j - d_j\} = v_{y_i+y_j,d_T}(i)$ が成り立つ.

同様に $v^y(j) = \max\{0, y_i + y_j - d_i\} = v_{y_i+y_j,d_T}(j)$ を得る. すなわち $v_{y_i+y_j,d_T} = (v_{E,d})^y$ が成り立つ.

以上の議論より, 任意の $i,j \in N$ $(i\neq j)$ に対し

$$(y_i, y_j) = \bar{x}(T, v_{y_i+y_j,d_T}) = \bar{x}(T, (v_{E,d})^y)$$

が成り立つ. 標準解 $\bar{x}$ は2人ゲームの準カーネル $\mathcal{K}^*$ に一致するので, 準カーネルが逆整合性公理を満たすことにより, $y \in \mathcal{K}^*(N, v_{E,d})$ が成り立つ. ここで破産ゲームは凸ゲームであるので, 準カーネルは1点集合となり $\{y\} = \mathcal{K}^*(N, v_{E,d})$, すなわち $\{f^{CG}(N,E,d)\} = \mathcal{K}^*(N, v_{E,d})$ となり, 破産問題の CG 整合解と破産ゲームの準カーネルは一致する. このとき, 同時に, 準カーネルとカーネル, 仁が一致するので, 破産ゲームの仁は破産問題の CG 整合解と一致する.

このようにして, 破産問題のタルムードによる解が協力ゲームの解によってうまく説明することができた.

なお, 凸ゲームにおいて, カーネルと仁が一致すること, 交渉集合とカーネルが一致することの証明は, 中山・船木・武藤 [18] を参照していただきたい.

15 シャープレイ値

　本章では，協力ゲームの仁以外のもう一つの1点解として有名なシャープレイ値を紹介する．シャープレイ値は解の満たすべき4つの条件(公理)によって特徴付けられている．シンプルでわかりやすい公理によって，複雑な公式で与えられるシャープレイ値が導かれることは大変興味深い．シャープレイ値の式はプレイヤーの貢献度の期待値として与えられる．

　シャープレイ値も多くの応用があり，また，現在でも盛んに理論的な研究が進んでいる．

講義のポイント
●シャープレイ値　●シャープレイ値の4つの公理　●シャープレイ値の定理　●シャープレイ値の性質　●3人ゲームの計算例　●直線上のネットワーク敷設の費用ゲーム　●分岐のあるネットワーク敷設の費用ゲーム

15.1 シャープレイ値の定義

● シャープレイ値

　各プレイヤーがランダムな順番で到着し，提携に参加したとき，プレイヤーが獲得できる利得の期待値を求めよう．各プレイヤーは順番にゲームに参加したとき，自分が参加することにより，それまでの提携値から増加した差の部分，すなわち，自分の貢献度を獲得できると考える．プレイヤーの貢献度は次の式で定義される．

　提携 $S(i \in S \subseteq N)$ に対するプレイヤー i の限界貢献度（貢献度）とは，$v(S) - v(S \setminus \{i\})$ である．プレイヤー集合 N 上のすべての順列 π を考える．その順列 π の下で，プレイヤー i を含めてそれ以前のメンバーの集合を $S_{\pi,i}$ と書くことにしよう．すなわち，$S_{\pi,i} = \{k \in N \mid \pi(k) \leq \pi(i)\}$ である．このとき，プレイヤー i の獲得する限界貢献度の期待値 $\phi_i(v)$ は

$$\phi_i(v) = \sum_{\pi \in \Pi} \frac{1}{n!} \Big(v(S_{\pi,i}) - v(S_{\pi,i} \setminus \{i\}) \Big) \tag{15.1}$$

で与えられる．ここで，Π はすべての順列の集合である．この期待値は，その創始者の名前に従い，プレイヤー i のシャープレイ値と呼ばれる．

　i の前に提携 S が生じ，i の後に，提携 $N \setminus (S \cup \{i\})$ が生ずる場合を考えよう．このような場合が生ずる順列の数は，$s = |S|, n = |N|$ としたとき，$s!(n-s-1)!$ で与えられるので，シャープレイ値 $\phi_i(v)$ は，次の2つの同値な式で与えられる．

$$\begin{aligned} \phi_i(v) &= \sum_{S: S \subseteq N \setminus \{i\}} \frac{s!(n-s-1)!}{n!} \Big(v(S \cup \{i\}) - v(S) \Big). \\ \phi_i(v) &= \sum_{S: i \in S \subseteq N} \frac{(s-1)!(n-s)!}{n!} \Big(v(S) - v(S \setminus \{i\}) \Big). \end{aligned} \tag{15.2}$$

15.1 シャープレイ値の定義

シャープレイ値の興味深い点は，シャープレイ値の利得ベクトルを与える関数が次の 4 つの公理を満たすただ 1 つの関数として特徴付けられる点である．

● シャープレイ値の 4 つの公理

それでは，初めにいくつかの定義をしよう．

プレイヤー i が**ナルプレイヤー** $\iff v(S\cup\{i\})=v(S) \quad \forall S\subset N\setminus\{i\}$,
プレイヤー i と j が**対称** $\iff v(S\cup\{i\})=v(S\cup\{j\}) \quad \forall S\subset N\setminus\{i,j\}$,
ゲーム v とゲーム w の**和ゲーム** $v+w \iff (v+w)(S)=v(S)+w(S) \quad \forall S\subseteq N$.

ゲーム (N,v) にただ 1 つの利得ベクトルを対応させる関数(ゲームの値) $\phi(v)=\bigl(\phi_1(v),\phi_2(v),\cdots,\phi_n(v)\bigr)$ に対し，その満たすべき公理として次の 4 つを考える．

公理 1 [全体合理性公理]： $\sum_{i\in N}\phi_i(v)=v(N)$.

公理 2 [ナルプレイヤー公理]：ナルプレイヤー i に対し， $\phi_i(v)=0$.

公理 3 [対称性公理]：対称なプレイヤー i と j に対し， $\phi_i(v)=\phi_j(v)$.

公理 4 [加法性公理]：任意のゲーム v, w に対し，
$$\phi_i(v+w)=\phi_i(v)+\phi_i(w) \quad \forall i\in N.$$

それぞれの公理は次のように解釈することができる．**全体合理性公理**(パレート最適性公理)は利得ベクトルがパレート最適性の条件を満たすという標準的な公理である．

ナルプレイヤー公理は，ゲームに参加しても全く影響力を持たないプレイヤー(ナルプレイヤー)の利得はゼロであることを要請している．

対称性公理は，2 人のプレイヤーの他の人たちに対する影響が全く同じ場合，彼らが同じ利得を得ることを要請している．

加法性公理は，数学的には 2 つのゲームの和ゲームに対する利得ベクトルは

それぞれのゲームに対する利得ベクトルの和になるという公理であるが，これは，2 つの状況を表すゲーム v, w から，その状況を総合的に表すゲーム $v+w$ の解が，それぞれの解から別々に計算できることを表している．言い換えると個々の成分となるゲームをそれぞれ独立のものとみなすことを表現している．

これらの 4 つの公理を満たすベクトル値関数としてシャープレイ値は特徴付けられる．

15.2 存在証明といくつかの重要な性質

● シャープレイ値の定理

定理 15.1

ゲーム (N, v) に利得ベクトルを対応させる関数で公理 1 から公理 4 を満たすものはシャープレイ値 $\phi(v) = (\phi_1(v), \phi_2(v), \cdots, \phi_n(v))$ のみである．

証明

シャープレイ値がパレート最適性以外の公理を満たすことを示すのは容易であるので読者自ら確かめていただきたい．

パレート最適性の証明は式 (15.1) を用いる．

$$\sum_{i \in N} \phi_i(v) = \sum_{i \in N} \sum_{\pi \in \Pi} \frac{1}{n!} \Big(v(S_{\pi,i}) - v(S_{\pi,i} \setminus \{i\}) \Big)$$

$$= \sum_{\pi \in \Pi} \frac{1}{n!} \sum_{i \in N} \Big(v(S_{\pi,i}) - v(S_{\pi,i} \setminus \{i\}) \Big)$$

$$= \sum_{\pi \in \Pi} \frac{1}{n!} \Big(v(N) - v(\emptyset) \Big) = v(N).$$

続いてシャープレイ値の一意性を証明しよう．$T \subseteq N, T \neq \emptyset$ とし，T 全員一致ゲームと呼ばれるゲーム u^T を次のように定義しよう．

$S \supseteq T$ のとき $u^T(S) = 1$，それ以外のとき $u^T(S) = 0$．

15.2 存在証明といくつかの重要な性質

このとき，$\{u^T\}_{\emptyset \neq T \subseteq N}$ はゲーム空間 $\mathbb{R}^{2^n-1}$ における基底となる[注]．ここで，ゲーム空間とは 2^n-1 次元ベクトル $(v(S))_{\emptyset \neq S \subseteq N}$ を1つのゲーム v と同一視することから導かれるユークリッド空間であり，ベクトル和は和ゲームに対応し，ベクトルのスカラー倍は次のスカラー倍ゲーム $cv: cv(S) = c \cdot v(S)\ \forall S \subseteq N$ に対応する．したがって，任意のゲーム v は適当な係数 $c_T\,(\emptyset \neq T \subseteq N)$ により $v = \sum_{\emptyset \neq T \subseteq N} c_T \cdot u^T$ と一意に表すことができる．よってゲーム $c_T u^T$ に対して $v = \sum_{\emptyset \neq T \subseteq N} (c_T u^T)$ が成り立つ．

φ を公理1から公理4を満たすベクトル値関数であるとする．ゲーム $c_T u^T$ の $\varphi(c_T u^T)$ のベクトル値は公理から次のように求めることができる．プレイヤー $i \in N \setminus T$ はこのゲームのナルプレイヤーであるので，公理2から $\varphi_i(c_T u^T) = 0$ である．また，各プレイヤー $j, k \in T$ は互いに対称であるので，公理3から $\varphi_j(c_T u^T) = \varphi_k(c_T u^T)$ を得る．そこで，その値を q と置く．公理1から $0 + |T|q = c_T u^T(N) = c_T$ であるので，$q = \frac{c_T}{|T|}$ より各プレイヤー $j \in T$ について $\varphi_j(c_T u^T)$ の値が定まる．すなわち，各 $c_T u^T$ に対し，$\varphi(c_T u^T)$ は確定する．公理4より $\varphi(v) = \varphi\left(\sum_{\emptyset \neq T \subseteq N} (c_T u^T)\right) = \sum_{\emptyset \neq T \subseteq N} \varphi(c_T u^T)$ であるから $\varphi(v)$ も確定し，しかも，v の表現は一意であるから，$\varphi(v)$ のベクトル値は一意に確定する．シャープレイ値は4つの公理を満たすので，$\varphi(v)$ はシャープレイ値でなければならない． (証明終)

この証明から，すべての T 全員一致ゲーム u^T のシャープレイ値が，$i \in T$ のとき $\phi_i(u^T) = \frac{1}{|T|}$，$i \in N \setminus T$ のとき $\phi_i(u^T) = 0$ であることがわかる．また，シャープレイ値はゲーム空間において線形性 $\phi(\alpha v + \beta w) = \alpha \phi(v) + \beta \phi(w)$ を満たすことも明らかである．

● シャープレイ値の性質

定理 15.2

戦略的に同等な2つのゲーム $(N,v), (N,v')$ のシャープレイ値は配分の間の戦略的同等性変換 $x'_i = \alpha x_i + \beta_i$，$i=1, 2, \cdots, n$ によって一対一に対応する．

注　証明は例えば岡田 [22]，Owen [24] を参照．

証明

ゲーム w^{β_i} を $S=\{i\}$ のとき $w^{\beta_i}(S)=\beta_i$, $S\neq\{i\}$ のとき $w^{\beta_i}(S)=0$ と定義し, $v'=\alpha v+\sum_{k\in N}w^{\beta_k}$ とする. このとき, ゲーム v と v' は戦略的に同等になり, シャープレイ値の線形性から, $i\in N$ に対し,

$$x'_i = \phi_i(v') = \alpha\phi_k(v) + \sum_{k\in N}\phi_i(w^{\beta_k}) = \alpha x_i + \beta_i$$

を得る. (証明終)

定理 15.3

ゲームが優加法性を満たすとき, シャープレイ値は配分になる.

証明

再び, 式 (15.1) を用いる. ゲームが優加法性を満たすと, すべての $i\in N, \pi\in\Pi$ に対して $v(S_{\pi,i}) - v(S_{\pi,i}\setminus\{i\}) \geq v(i)$ が成り立つ. したがって,

$$\phi_i(v) = \sum_{\pi\in\Pi}\frac{1}{n!}\Big(v(S_{\pi,i}) - v(S_{\pi,i}\setminus\{i\})\Big) \geq \sum_{\pi\in\Pi}\frac{1}{n!}v(i) = v(i)$$

が成り立つ. (証明終)

15.3 シャープレイ値の計算

● 3人ゲームの計算例

第 13 章および第 14 章の 3 人ゲームの例

$v(\text{ABC}) = 30, \quad v(\text{AB}) = 0, \quad v(\text{AC}) = 10,$

$v(\text{BC}) = 20, \quad v(\text{A}) = v(\text{B}) = v(\text{C}) = 0$

を式 (15.2) とパレート最適性を用いて計算してみよう. シャープレイ値を

15.3 シャープレイ値の計算

$\phi(v) = \bigl(\phi_A(v), \phi_B(v), \phi_C(v)\bigr)$ とすると,

$$\phi_A(v) = \frac{0!2!}{3!}\bigl(v(A)-v(\emptyset)\bigr) + \frac{1!1!}{3!}\bigl(v(AB)-v(B)\bigr)$$
$$+ \frac{1!1!}{3!}\bigl(v(AC)-v(C)\bigr) + \frac{2!0!}{3!}\bigl(v(ABC)-v(BC)\bigr)$$
$$= \frac{1}{3}\cdot 0 + \frac{1}{6}\cdot 0 + \frac{1}{6}\cdot 10 + \frac{1}{3}\cdot(30-20) = \frac{1}{6}\cdot 10 + \frac{1}{3}\cdot 10 = 5,$$
$$\phi_B(v) = \frac{0!2!}{3!}\bigl(v(B)-v(\emptyset)\bigr) + \frac{1!1!}{3!}\bigl(v(AB)-v(A)\bigr)$$
$$+ \frac{1!1!}{3!}\bigl(v(BC)-v(C)\bigr) + \frac{2!0!}{3!}\bigl(v(ABC)-v(AC)\bigr) = 10,$$
$$\phi_C(v) = v(ABC) - \phi_A(v) - \phi_B(v) = 30 - 5 - 10 = 15.$$

この例ではシャープレイ値は, 第 13 章の仁, 第 14 章のカーネルと一致している. しかしながら, 常にこの一致が生ずるわけではない. 第 13 章のタルムードのもう一つの例である残された財産が 20 万円のときのゲーム

$$v(ABC) = 20, \quad v(AB) = 0, \quad v(AC) = 0,$$
$$v(BC) = 10, \quad v(A) = v(B) = v(C) = 0$$

を考えてみよう. シャープレイ値は式 (15.1) に基づき, 表 15.1 で求めることができる.

表 15.1 より求められたシャープレイ値 $\bigl(\frac{10}{3}, \frac{25}{3}, \frac{25}{3}\bigr)$ はタルムードの結果, すなわちゲームの仁 $\bigl(5, \frac{15}{2}, \frac{15}{2}\bigr)$ と異なっている.

最後に 3 人ゲームのシャープレイ値の計算方法をまとめておくと

$$\phi_A(v) = \frac{1}{3}\bigl(v(ABC)-v(BC)\bigr) + \frac{1}{6}\bigl(v(AB)-v(B)+v(AC)-v(C)\bigr) + \frac{1}{3}v(A),$$
$$\phi_B(v) = \frac{1}{3}\bigl(v(ABC)-v(AC)\bigr) + \frac{1}{6}\bigl(v(AB)-v(A)+v(BC)-v(C)\bigr) + \frac{1}{3}v(B),$$
$$\phi_C(v) = \frac{1}{3}\bigl(v(ABC)-v(AB)\bigr) + \frac{1}{6}\bigl(v(AC)-v(A)+v(BC)-v(B)\bigr) + \frac{1}{3}v(C)$$

となる.

表 15.1　3人ゲームのシャープレイ値の表による計算

順列	A の貢献度	B の貢献度	C の貢献度	貢献度の和
ABC	$v(A)=0$	$v(AB)-v(A)=0$	$v(ABC)-v(AB)=20$	$v(ABC)=20$
ACB	$v(A)=0$	$v(ABC)-v(AC)=20$	$v(AC)-v(A)=0$	$v(ABC)=20$
BAC	$v(AB)-v(B)=0$	$v(B)=0$	$v(ABC)-v(AB)=20$	$v(ABC)=20$
BCA	$v(ABC)-v(BC)=10$	$v(B)=0$	$v(BC)-v(B)=10$	$v(ABC)=20$
CAB	$v(AC)-v(C)=0$	$v(ABC)-v(AC)=20$	$v(C)=0$	$v(ABC)=20$
CBA	$v(ABC)-v(BC)=10$	$v(BC)-v(C)=10$	$v(C)=0$	$v(ABC)=20$
合計	20	50	50	120
平均	$\dfrac{10}{3}$	$\dfrac{25}{3}$	$\dfrac{25}{3}$	20

15.4 費用分担問題のシャープレイ値

シャープレイ値は第9章で紹介した費用分担問題にもよく応用される．費用ゲーム (N,c) のシャープレイ値

$$\phi_i(c) = \sum_{S:i \in S \subseteq N} \frac{(s-1)!(n-s)!}{n!}\Big(c(S)-c(S\setminus\{i\})\Big)$$

を提携形ゲームと同様に対応する4つの公理を満たすベクトルとして定義することができる．$\phi(c)$ は，(N,c) から生成される費用節約ゲーム (N,v) のシャープレイ値 $\phi(v)$ と式 $\phi_i(c)=c(\{i\})-\phi_i(v)$ で対応している．

次の費用分担問題のシャープレイ値を計算してみよう．

● 直線上のネットワーク敷設の費用ゲーム

ある，電気・ガス・石油などのエネルギーの供給源があり，そこからいくつ

15.4 費用分担問題のシャープレイ値

かの工場が協力して，自工場にそれらの資源を供給するためのネットワークあるいはパイプラインを敷設することを計画している．このとき，これらの工場の間でどのようにその敷設費を分担するのがよいだろうか．シャープレイ値を使って求めてみよう．

説明の簡単化のために，供給源 0 から順番に $1, 2, 3, \cdots, n$ という名前の工場（プレイヤー）が直線上に並んでおり，ネットワーク敷設費は 0–1 間は c_1, 1–2 間は $c_2, \cdots, (k-1)$–k 間は c_k $(k=1,2,\cdots,n)$ というように与えられているものとする(図 15.1)．さらに，ある工場 k に資源を供給するためにはそこに到達するまでのすべてのパイプ(ネットワーク)が必要であるとする．

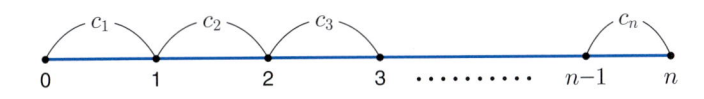

図 15.1 工場とネットワーク敷設費

このときの総敷設費 $\sum_{k=1}^{n} c_k$ の費用分担問題を表す費用ゲーム (N,c) は次のように表すことができる．

$$N = \{1, 2, \cdots, n\}, \quad c(S) = \sum_{k=1}^{\hat{i}(S)} c_k,$$

ここで，$\hat{i}(S) = \max_{i \in S} i$ である．

この費用ゲームのシャープレイ値を考えてみよう．次のようなゲーム (N, c^k) を考える．

$S \subseteq \{1, 2, \cdots, k-1\}$ のとき $c^k(S) = 0$, そうでないとき $c^k(S) = c_k$.

このとき，$c = \sum_{k=1}^{n} c^k$ となり，各ゲーム c^k のシャープレイ値はプレイヤー $1, 2, \cdots, k-1$ がすべてナルプレイヤーであり，プレイヤー $k, k+1, \cdots, n$ はすべて互いに対称であることから

$$\phi_i(c^k) = 0 \quad \text{for} \quad i = 1, 2, \cdots, k-1,$$

$$\phi_i(c^k) = \frac{c^k(N)}{n-k+1} = \frac{c_k}{n-k+1} \quad \text{for} \quad i = k, k+1, \cdots, n$$

となる．したがって，加法性公理から

$$\phi_i(c) = \phi_i\left(\sum_{k\in N} c^k\right) = \sum_{k=1}^{i} \frac{c_k}{n-k+1}$$

となる．

次に，工場が直線上に並んでいない場合に拡張した例を考えてみよう．

● 分岐のあるネットワーク敷設の費用ゲーム

工場の配置は図 15.2 で表され，同じ地点に 2 つの工場がある場合もある．なお，可能なパイプの敷設はこのような配置だけであり，例えば供給源と工場 3 を直線で結ぶことはできないものとする．

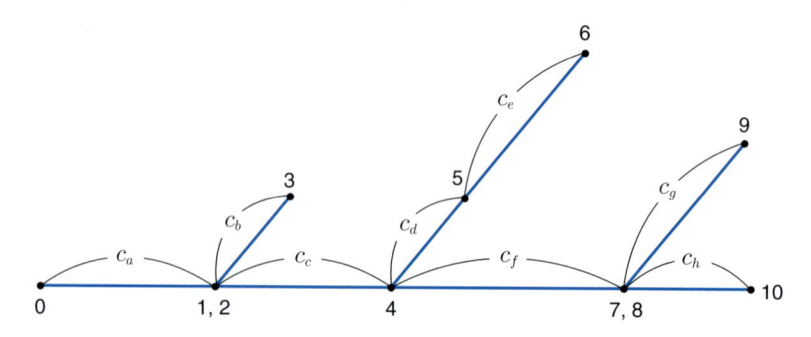

図 15.2　費用分担問題の例 ($n=10$)

この 10 社の費用分担問題のシャープレイ値は

$$N = \{1, 2, \cdots, 10\}, \quad \phi_1(c) = \phi_2(c) = \frac{c_a}{10},$$

$$\phi_3(c) = \frac{c_a}{10} + c_b, \quad \phi_4(c) = \frac{c_a}{10} + \frac{c_c}{7}, \quad \phi_5(c) = \frac{c_a}{10} + \frac{c_c}{7} + \frac{c_d}{2},$$

$$\phi_6(c) = \frac{c_a}{10} + \frac{c_c}{7} + \frac{c_d}{2} + c_e, \quad \phi_7(c) = \phi_8(c) = \frac{c_a}{10} + \frac{c_c}{7} + \frac{c_f}{4},$$

15.4 費用分担問題のシャープレイ値

$$\phi_9(c) = \frac{c_a}{10} + \frac{c_c}{7} + \frac{c_f}{4} + c_g, \quad \phi_{10}(c) = \frac{c_a}{10} + \frac{c_c}{7} + \frac{c_f}{4} + c_h,$$

となるが,その求め方は,直線上のケースと同様であるので,読者自ら確かめていただきたい.

このように,シャープレイ値はゲームを単純なゲームの和に分解して,そのゲームのシャープレイ値から求める方法が有効な場合がある.また,これは飛行場における滑走路の離発着コストの費用分担問題に応用することができる.詳しくは,岡田 [22] を参照していただきたい.

シャープレイ値の投票問題への応用

16

投票は，委員会や議会などでグループ意思決定を行う際に通常用いられる手段であるが，各投票者がどの程度のパワーや影響力を持つかは，そう単純に評価できるわけではない．

本章では，前章で紹介したシャープレイ値を用いて投票における投票者のパワーを分析することにしよう．

特に現在議論が進んでいる国連安全保障理事会の常任理事国の追加に関する新しい提案についても，投票力指数の分析を応用する．

講義のポイント
●投票ゲーム ●投票ゲームの性質 ●シャープレイ＝シュービック投票力指数 ●投票力指数の求め方 ●重み付き多数決ゲーム ●株主総会の例の投票力指数 ●非常任理事国と常任理事国の投票力指数

16.1 投票ゲーム

● 投票ゲーム

委員会や議会における意思決定や投票制度を提携形ゲームで表現することを考えてみよう．これらの制度において，提携を形成すると，自分たちが同一の投票行動をとることにより必ず好みの結果を実現することができる場合がある．例えば，プレイヤーの全体提携はこの性質を満たす．このような性質をもつ提携を勝利提携と呼ぶ．プレイヤー集合と勝利提携の集合で表現されたゲームを投票ゲームと言う．すなわち，$\mathcal{W}$ を勝利提携の集合とすると，投票ゲームは $(N, \mathcal{W})$ で表される．

● 投票ゲームの性質

一般に投票ゲームは次の性質を満たすことが仮定される．

(1) $N \in \mathcal{W}, \emptyset \notin \mathcal{W}$,
(2) $S \in \mathcal{W}$ ならば $N \setminus S \notin \mathcal{W}$,
(3) $S \in \mathcal{W}, S \subseteq T$ ならば $T \in \mathcal{W}$.

ここで，(2) は2つの対立する勝利提携が存在しないことを要請しており，この性質をプロパー性と言うことがある．(3) は勝利提携を含む提携は勝利提携となること，すなわち，単調性を要請している．

すでに 12.2 節，12.3 節で述べたように，投票ゲームは勝利提携の提携値を 1，そうでない提携の提携値を 0 とすることで特性関数形ゲームとして表現することができる．すなわち，$S \in \mathcal{W}$ のとき $v(S) = 1$, $S \notin \mathcal{W}$ のとき $v(S) = 0$ と表すことができる[注1]．

あるプレイヤー j を含むすべての提携が勝利提携であり，それ以外に勝利

注1　すべての提携の提携値が 0 か 1 のゲームは単純ゲームと呼ばれている．投票ゲームは条件 (1)～(3) を満たす単純ゲームである．

16.2 シャープレイ=シュービック投票力指数

提携がないとき，$\mathcal{W} = \{S | S \ni j\}$ となる．このとき，このプレイヤー j を独裁者と呼ぶ．上記の仮定 (1)〜(3) の下で，1 つのゲームに独裁者が 2 人以上存在することはない．さらに，すべての勝利提携 $S \in \mathcal{W}$ に含まれているプレイヤー i のことを拒否権プレイヤーと呼ぶ．12.2 節のプレイヤー 1 は拒否権プレイヤーである．あきらかに，独裁者は拒否権プレイヤーである．また，全員一致ゲーム $\mathcal{W} = \{N\}$ では，すべてのプレイヤーが拒否権プレイヤーとなる．

勝利提携 $S \in \mathcal{W}$ において，すべての真部分集合 $T \subset S$ が勝利提携でないとき，その提携 S を極小勝利提携と言う．極小勝利提携の全体を $\mathcal{W}^m$ と表すことにしよう．極小勝利提携 S に属するすべてのプレイヤー $i \in S$ に対し，$v(S) = 1$，$v(S \setminus \{i\}) = 0$ が成り立つことに注意しよう．また，単調性を満たす投票ゲームでは $\mathcal{W}^m$ を定めると自動的に $\mathcal{W}$ が $\mathcal{W} = \{T | \text{ある } S \in \mathcal{W}^m \text{ に対して } T \supseteq S\}$ により一意に求まる．どの極小勝利提携にも含まれないプレイヤー i に対しては，$v(S) = v(S \setminus \{i\}) = 0$ または $v(S) = v(S \setminus \{i\}) = 1$ が成り立つから，提携形ゲームのナルプレイヤーになる．なお，独裁者がいるゲームにおいて，独裁者の 1 人提携が唯一の極小勝利提携となるので独裁者以外はすべてナルプレイヤーである．

例として，プレイヤー集合が $\{A, B, C, D\}$ であり，極小勝利提携が $\mathcal{W}^m = \{AB, AC\}$ で与えられるような投票ゲームを考えると，$\mathcal{W} = \{AB, AC, ABC, ABD, ACD, ABCD\}$ となり，A は拒否権プレイヤー，D はナルプレイヤーである．

16.2 シャープレイ=シュービック投票力指数

● シャープレイ=シュービック投票力指数

投票ゲーム $(N, \mathcal{W})$ を特性関数で表したゲーム (N, v) のシャープレイ値を，投票ゲームのシャープレイ=シュービック投票力指数(以下，投票力指数と略す)と呼ぶ．それは，次のように計算される．

$$\phi_i(\mathcal{W}) = \sum_{S:v(S)=1, v(S\setminus\{i\})=0} \frac{(s-1)!(n-s)!}{n!}$$
$$= \sum_{S:S\in\mathcal{W}, S\setminus\{i\}\notin\mathcal{W}} \frac{(s-1)!(n-s)!}{n!}.$$

ここで，$n=|N|$, $s=|S|$ である．シャープレイ値の全体合理性公理から各プレイヤーの投票力指数の総和は 1 であることに注意していただきたい．

シャープレイ値のもう一つの表現式を使うと，投票力指数を次のように求めることもできる．議案がランダムに提出され，プレイヤーの支持もランダムに定まっているとする．このとき，ある議案に対し，その議案を支持する人から順に投票を行った場合，自分の投票で否決の状態から可決の状態に変化させるプレイヤーのことをピボットプレイヤーと呼ぶ．すなわち，プレイヤー i が順列 π においてピボットであるとは，$S_{\pi,i}\cup\{i\}\in\mathcal{W}$ かつ $S_{\pi,i}\notin\mathcal{W}$ を満たすことである[注2]．Π_i を i がピボットとなる順列の集合としよう．i のシャープレイ値は，すべての順列が等確率で起こると考えたときの i がピボットとなる確率と考えることができるので，$\phi_i(\mathcal{W})=\frac{|\Pi_i|}{n!}$ である．

投票力指数は，特性関数形投票ゲームのシャープレイ値であるから，シャープレイ値の公理を満たす．しかし，そのようなゲームのクラスにおいて公理的な特徴付けを行うためには，加法性などの公理を修正することが必要である．プレイヤーの対称性についても若干の修正が必要であり，投票ゲーム $(N,\mathcal{W})$ において，2 人のプレイヤー i と j が対称であるとは，各 $S\subseteq N\setminus\{i,j\}$ に対し，

$$S\cup\{i\}\in\mathcal{W} \iff S\cup\{j\}\in\mathcal{W}$$

が成り立つことである．これらの議論に関して興味ある読者は Dubey [6]，船木 [8] などを参照していただきたい．

注2 $S_{\pi,i}=\{j\in N\,|\,\pi(j)<\pi(i)\}$.

● 投票力指数の求め方

それでは，これらの式を基に，各プレイヤーの投票力指数を求めてみよう．投票ゲームのプロパー性から，特性関数は優加法性を満たすので，投票力指数が負になることはない．さらに，ナルプレイヤーの投票力指数は 0 であるので，独裁者の投票力指数は 1 になる．

前節の投票ゲーム $N=\{A,B,C,D\}$, $\mathcal{W}^m=\{AB,AC\}$ の投票力指数を求めてみよう．D はナルプレイヤーであるから $\phi_D(\mathcal{W})=0$ である．すべての順列の個数は $4!=24$ 通りあり，さらに，B と C は対称である．B がピボットになるすべての順列を求めると「ABCD, ABDC, ADBC, DABC」の 4 通りである．したがって，$\phi_B(\mathcal{W})=\phi_C(\mathcal{W})=\frac{1}{6}$ となる．全体合理性公理より $\phi_A(\mathcal{W})=1-\phi_B(\mathcal{W})-\phi_C(\mathcal{W})-\phi_D(\mathcal{W})=\frac{2}{3}$ となる．

次に，プレイヤー 1 が拒否権プレイヤーである投票ゲームを考えてみよう．そのようなゲームはたくさんあるが，その中でも $\mathcal{W}^m=\{\{1,k\}\,|\,k\in N\setminus\{1\}\}$ で与えられるゲームにおける投票力指数を求めてみよう．このとき，プレイヤー 1 がピボットにならないような順列は 1 が最初に来る順列だけである．そのような場合の数は $(n-1)!$ 通りあるので，1 がピボットになる順列の総数は $n!-(n-1)!=(n-1)!(n-1)$ になる．したがってプレイヤー 1 の投票力指数は $\frac{(n-1)!(n-1)}{n!}=\frac{n-1}{n}$ となる．他のプレイヤーは全員対称であるので，彼らの投票力指数は $\frac{1}{n-1}\left(1-\frac{n-1}{n}\right)=\frac{1}{n(n-1)}$ となる．1 のパワーは他のプレイヤーのパワーの $(n-1)^2$ 倍である．このように拒否権プレイヤーのパワーは非常に大きいが，投票力指数 1 を獲得するとは限らない．

16.3 重み付き多数決ゲーム

● 重み付き多数決ゲームとは

各プレイヤーがそれぞれの重み(票数)を持ち，提携の重みの和がある規準数を上回ると勝利提携となるゲームを**重み付き多数決ゲーム**と呼ぶ．例えば議会

において，各議員が所属政党の合意に従って投票するとし，それらの政党をプレイヤーと考えれば，この状況は重み付き多数決ゲームとなる．

各プレイヤーの重み（票数）を q_i，可決に必要な最小票数を w とすると，重み付き多数決ゲームは $[w:q_1,q_2,\cdots,q_n]$ で表される．このとき，勝利提携は

$$S \in \mathcal{W} \iff \sum_{j \in S} q_j \geq w$$

で与えられる．$\sum_{j \in N} q_j \geq w > \frac{1}{2}\sum_{j \in N} q_j$ を満たせば，プロパーな投票ゲームとなる．

3人多数決ゲーム $N=\{A,B,C\}$，$\mathcal{W}^m=\{AB,AC,BC\}$ を重み付き多数決ゲームで表すと，$[2:1,1,1]$, $[3:2,2,2]$, $[4:3,3,2]$ など，多様な表し方がある．最後のケースでは重みが同じでないことに注意していただきたい．いずれにせよ，プレイヤーの対称性から $\phi(\mathcal{W})=(\frac{1}{3},\frac{1}{3},\frac{1}{3})$ となる．

● 株主総会の例の投票力指数

それでは，いくつかのゲームの投票力指数を求めてみよう．ある会社の株式は5人の株主によって保有されており，その保有率は40%，20%，20%，10%，10%であるとする．このとき，株主総会において株式51%以上の多数によって決定がされるとき，このゲームを重み付き多数決5人ゲームとして定式化し，投票力指数を求めてみよう．

この重み付き多数決ゲームは $[51:40,20,20,10,10]$ あるいは $[6:4,2,2,1,1]$ など，様々な表し方があるのはすでに述べたとおりである．ここでは後者の表し方で，それぞれ 4, 2, 2, 1, 1 の票数を持つプレイヤーを A, B, C, D, E とする．そのとき，極小勝利提携は，$\mathcal{W}^m=\{AB,AC,ADE,BCDE\}$ となる．それぞれの投票力指数は，すべての順列の数 $5!=120$ の中で，各プレイヤーがピボットとなる場合の数を計算すればよい．

D がピボットになるのは，D の前に5票投票されている場合だけである．そのような場合は A と E が D の前に投票するか B, C, E が D の前に投票するケースし

かない．前者の場合は「AEDBC, AEDCB, EADBC, EADCB」の 4 通り，後者の場合は，BCE の順列の数と同じで 6 通りある．この合計 10 通りが D がピボットになる場合の数である．D と E は対称であるから $\phi_D(\mathcal{W})=\phi_E(\mathcal{W})=\frac{10}{120}=\frac{1}{12}$ である．

B がピボットになるのは，B の前に 4 票か 5 票投票されている場合だけである．4 票投票されているケースは A の次に B が投票するか C, D, E の 3 人の後で B が投票する場合しかない．前者の場合，B の後に来る C, D, E の順列の総数は 6 通りである．同様に後者の場合の C, D, E の順列の総数も 6 通りである．さらに，5 票投票されているのは「A と D」か「A と E」が先に投票しているケースである．A と D が投票している場合の数は「ADBCE, ADBEC, DABCE, DABEC」の 4 通りであり，A と E が投票している場合も同様に 4 通りである．よって B がピボットになる場合の数は $6+6+4+4=20$ 通りである．B と C は対称であるから $\phi_B(\mathcal{W})=\phi_C(\mathcal{W})=\frac{20}{120}=\frac{2}{12}$ である．

A の投票力指数は全体合理性公理から $\phi_A(\mathcal{W})=1-\frac{4}{12}-\frac{2}{12}=\frac{6}{12}$ となる．すなわち全員の投票力指数は $(\frac{6}{12},\frac{2}{12},\frac{2}{12},\frac{1}{12},\frac{1}{12})$ となる．票の割合は $4:2:2:1:1$ であるにもかかわらず，そのパワーは $6:2:2:1:1$ となることは興味深い．

● 様々な例

次に，k を自然数とするとき重み付き多数決ゲーム $[w:q_A,q_B,q_C,q_D,q_E]$ $=[5:k,1,1,1,1]$ のシャープレイ=シュービック投票力指数を求めてみよう．

$k=5$ 以上のとき，プレイヤー A は独裁者となるので $\phi_A(\mathcal{W})=1$，$i\neq A$ に対し $\phi_i(\mathcal{W})=0$ である．

$k=4$ のとき，プレイヤー B がピボットとなるのは，B の前に 4 票集まっているときだけである．すなわち，A の次に B が来たときだけである．その後の C, D, E の 3 人のプレイヤーの順列は 6 通りあるので，$\phi_B(\mathcal{W})=\frac{6}{5!}=\frac{1}{20}$ となる．B, C, D, E は対称なプレイヤーであるので，$\phi_B(\mathcal{W})=\phi_C(\mathcal{W})=\phi_D(\mathcal{W})=\phi_E(\mathcal{W})=\frac{1}{20}$ となる．さらに全体合理性公理から $\phi_A(\mathcal{W})=1-\frac{4}{20}=\frac{16}{20}$ となる．

$k=3$ のとき，プレイヤー B がピボットになるのは，C, D, E のいずれかの

プレイヤーとAがBの前に来たときだけである．例えばCがBの前に来る場合の数は「ACBDE, ACBED, CABDE, CABED」の4通りとなる．D, EがBの前に来るケースも同様であり，Bがピボットになる総数は12通りとなる．したがって$i \neq A$に対し，$\phi_i(\mathcal{W}) = \frac{2}{20}$, $\phi_A(\mathcal{W}) = \frac{12}{20}$となる．

$k=2$のとき，プレイヤーBがピボットになるのは，Aと他のいずれかのプレイヤー2人がBの前に来たときだけである．したがってその2人の選び方が3通りあり，さらにその2人とAを含めた3人の並べ方は$3! = 6$通りある．したがってBがピボットとなる順列の数は$6 \times 3 = 18$となる．したがって$i \neq A$に対し，$\phi_i(\mathcal{W}) = \frac{3}{20}$, $\phi_A(\mathcal{W}) = \frac{8}{20}$となる．

$k=1$のとき，プレイヤーの対称性から，$i \in N$に対し$\phi_i(\mathcal{W}) = \frac{4}{20}$である．

16.4 国連安全保障理事会における理事国の投票力指数

● 非常任理事国と常任理事国の投票力指数

国連安全保障理事会における各理事国の投票力指数を計算してみよう．

2011年現在の国連安全保障理事会は，拒否権を持つ常任理事国5カ国と，拒否権を持たない非常任理事国10カ国から構成されている．重要案件である実質事項（手続き以外のほとんどの案件は実質事項）の議決のためには常任理事国のすべてと非常任理事国4カ国以上の賛成が必要である．この状況を重み付き多数決ゲームで表し，各国の投票力指数を求めてみよう．現在，国連では数々の修正案が提案されているので，その一つの案の投票力指数も計算してみよう．

常任理事国の一つをAとし，非常任理事国の一つをBとする．それぞれの重みをq_A, q_Bとしよう．5つの常任理事国と非常任理事国4カ国で可決されることから$5q_A + 4q_B \geq w$が成り立つ．一方5つの常任理事国のうちの4つとすべての非常任理事国10カ国が賛成しても可決できないので$4q_A + 10q_B < w$が成り立つ．この2つの不等式を併せると$5q_A + 4q_B > 4q_A + 10q_B$すなわち，$q_A > 6q_B$を得る．$q_B = 1$として$q_A$を求めると$q_A \geq 7$となる．そこで，それを満たす

16.4 国連安全保障理事会における理事国の投票力指数

1つの整数値として $q_A = 7$ をとる．この数値の組を代入すると $39 \geq w > 38$ より $w = 39$ となる．確かに，重み付き多数決ゲーム $[39:7,7,7,7,7,\underbrace{1,1,\cdots,1}_{10}]$ は上記の性質を満たしている．

続いて投票力指数を求めよう．B がピボットとなるのはその前に 38 票が集まったときだけである．38 票が集まるのは，すべての常任理事国 5 カ国の 35 票と非常任理事国 3 カ国の 3 票のケースしかない．B を除いた 9 カ国の非常任理事国のうち，3 カ国を選ぶ組合せの数は $\binom{9}{3} = \frac{9!}{3! \cdot 6!}$ である．この組合せが選ばれた後，すべての順列の数を求めると，B 国の前の 8 カ国の順列の数 8! と B 国の後の 6 カ国の順列の数 6! から $8! \cdot 6!$ となる．順列の総数は 15! であるから

$$\phi_B(\mathcal{W}) = \frac{9!}{3! \cdot 6!} \cdot 8! \cdot 6! \cdot \frac{1}{15!} = \frac{4}{2145} \approx 0.002$$

となる．プレイヤーの対称性からすべての非常任理事国の投票力指数は同じである．一方，常任理事国もすべて互いに対称であるから全体合理性公理と対称性公理より，

$$\phi_A(\mathcal{W}) = \frac{1 - \frac{4}{2145} \times 10}{5} = \frac{421}{2145} \approx 0.196$$

となる．重み付き多数決ゲームとしての表現では，常任理事国の重みは非常任理事国の 7 倍にすぎなかったのに，投票力指数によると常任理事国のパワーは 100 倍に近く，いわゆる 5 大国のパワーだけで全体の 98% を占めている．

● **修正案の検討**

国連では近年，常任理事国を何カ国か増加させてはどうかという議論がなされている．その中には常任理事国は増やすが，新常任理事国には拒否権を与えない案などがあるが，日本，ドイツ，インド，ブラジルが共同提案した G4 案では常任理事国 11 カ国，非常任理事国を 14 カ国とし，開始 15 年後に新常任理事国にも拒否権を与えることとしている．非常任理事国の必要な賛成の票数

については不明な点もあるので7カ国の賛成が必要であるとして，その場合の投票力指数を計算してみよう．

現在の投票力指数の計算と同じ議論を適用すると，重み付き多数決ゲームによる表現は，常任理事国に8の重みを与え，$[95:\underbrace{8,8,\cdots,8}_{11},\underbrace{1,1,\cdots,1}_{14}]$ となる．同様な計算により

$$\phi_B(\mathcal{W}) = \frac{13!}{6!\cdot 7!}\cdot 17!\cdot 7!\cdot \frac{1}{25!} = \frac{13}{6\cdot 19\cdot 23\cdot 25} = \frac{13}{65550} \approx 0.0002,$$

$$\phi_A(\mathcal{W}) = \frac{65368}{65550\cdot 11} \approx 0.091$$

となる．重みで見ると現行とほとんど変わらないが，常任理事国のパワーは実に非常任理事国の450倍以上になる．この重み付き投票制度ではほとんど非常任理事国の影響力はなくなってしまう．

多数のプレイヤーがいる場合の投票力指数の計算方法についてはオーウェン(G. Owen)の多重線形展開による方法がある．これに関しては船木 [8]，武藤・小野 [17] などを参照していただきたい．特に武藤・小野 [17] はこの分野の専門的な参考文献である．

17 ナッシュの交渉問題

　ナッシュの業績として有名なのはナッシュ均衡であるが，論文としてより評価が高いのはナッシュの交渉問題とナッシュ解を扱った論文である．ナッシュ均衡同様，現在では労使交渉や2国間交渉など様々な経済分野に応用されている．

　ナッシュ解はシャープレイ値のように公理によって特徴付けられる．ナッシュ解を特に特徴付けているのは「無関係な代替案からの独立性公理」であり，この公理は社会的選択理論とも関係がある．

講義のポイント
●ナッシュの交渉問題　●ナッシュの交渉解　●ナッシュ解の公理　●ナッシュ解の求め方　●ナッシュの要求ゲーム　●ルービンシュタインの相互提案ゲーム

17.1 交渉問題の定式化

● ナッシュの交渉問題

2人のプレイヤーの間の交渉として，定式化される問題は数多い．例えば，労使交渉，2国間の関税交渉，店頭での売買交渉等，交渉と呼ばれるものはたくさんある．このように，2人のプレイヤーが協力の結果得られる利益の分配に関して交渉を行う状況をナッシュは交渉問題として定式化した．

一般にナッシュの交渉問題は，交渉の結果実現可能な利得の組の集合と交渉が不調に終わったときに，2人のプレイヤーが得る利得の組で表される．前者を U で表し実現可能集合と呼び，後者を d で表し交渉の基準点あるいは不合意点と呼ぶ．これは，2人の協力により実現可能な利得の組の集合と協力が実現できなかったときの2人の利得の組と解釈することができる．このようにして表現された U, d のペア (U, d) は，交渉問題あるいは2人交渉ゲームと呼ばれる．

これを数学的に表そう．実現可能集合 U は，$U \subset \mathbb{R}^2$ かつ U は有界な閉凸集合である．また，交渉基準点 d と U は，(1) $d \in U$，(2) $u_1 > d_1, u_2 > d_2$ なる $u = (u_1, u_2) \in U$ が存在する，を満たさなければならない（図17.1参照）．

例えば，10万円を2人のプレイヤー A，B で分ける交渉を行うとする．2人の利得は獲得金額で表され，2人とも0以上の利得を獲得するとする．このとき，U は図17.2のように表される．

さらに交渉が決裂したときに，A，B はそれぞれ，2万円，1万円を得ることができるとすると，$d = (2, 1)$ となる．決裂したときの利得以上で交渉が妥結すると考えられるので，この10万円を分ける交渉は図17.2の網かけ部分においていかなる利得ベクトルを実現するかの交渉となる．

$u_1 > d_1, u_2 > d_2$ なる $u = (u_1, u_2) \in U$ が存在するという条件は，この網かけ部分の領域（交渉領域と呼ばれる場合もある）が存在し，意味のある交渉ができることを保証している．

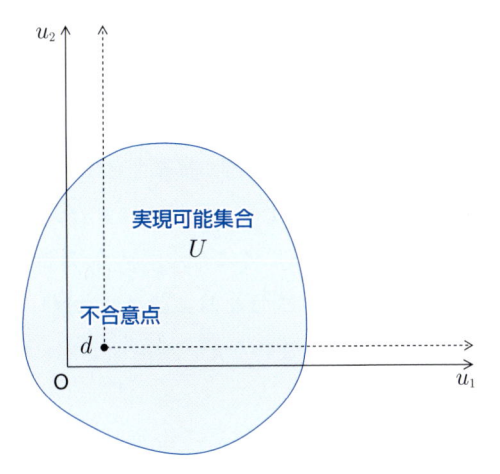

図 17.1　2人交渉ゲーム

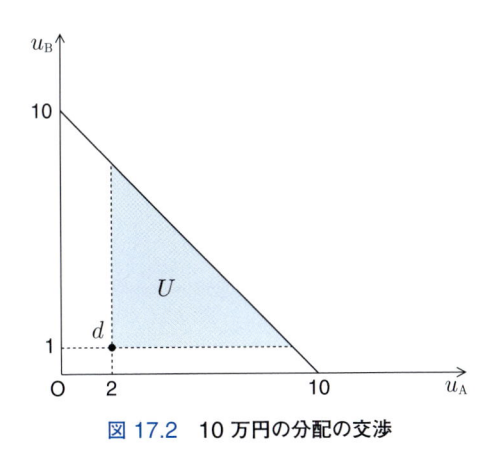

図 17.2　10 万円の分配の交渉

17.2　交渉解とナッシュ解

● ナッシュの交渉解

各交渉問題に，交渉の妥結点の利得ベクトルを対応させるような関数 f: $\{(U,d)\} \to U$ を交渉問題の交渉解と呼ぶ．すなわち，交渉問題の解とは様々

な交渉問題に直面したときに，どのような妥結点が生ずるかを示すルールである．このルールを協力によって実現可能な利得の組の集合からただ 1 つの利得の組を選ぶ関数として表現している．

このような交渉問題の解として様々な解が提案されているが，特に，基準点からの利得の増加分の積を最大にするような妥結点はナッシュ解と呼ばれ，ナッシュが導出した．ナッシュの交渉解以外にも，カライ=スモルディンスキー解，比例解等も提案されている (詳しくは [14] および [13] 参照)．

交渉の妥結点は $f(U,d)$ で表現されるが，ナッシュ解 (ナッシュの交渉解) $f(U,d) = (u_1^*, u_2^*) \in U$ は，

$$(u_1^* - d_1)(u_2^* - d_2) = \max\{(u_1 - d_1)(u_2 - d_2) \mid u \in U, u_1 \geq d_1, u_2 \geq d_2\}$$

を満たすものとして定義される．

このような積を最大にする妥結点は，次のように特徴付けられる．この点は，実現可能集合のパレート最適な曲線と交渉の基準点を原点と考えた場合の双曲線との接点で表現される (図 17.3 参照)．また，妥結点と基準点を結ぶ直線の傾きと妥結点を通る接線の傾きは絶対値が等しく，符号が反対になっている．

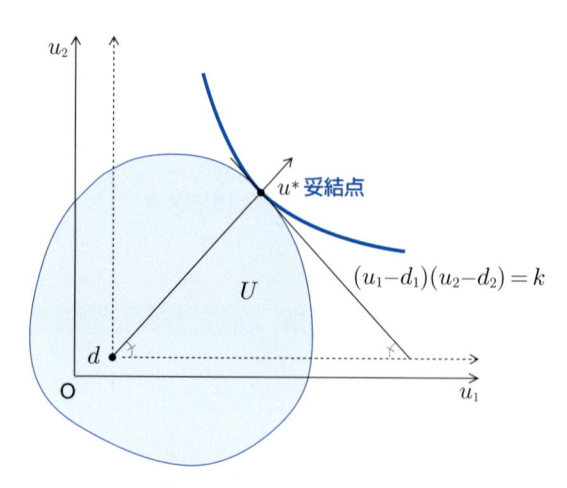

図 17.3 ナッシュ解の位置

17.3 ナッシュ解の4つの公理

● ナッシュ解の公理

ナッシュ解を第15章のシャープレイ値のときのように，解の満たすべき望ましい条件（公理）によって特徴付けることを考える．ナッシュ解は次の4つの公理で特徴付けられる．交渉問題 (U,d) に妥結点を対応させる関数（交渉解）$f(U,d)=(f_1(U,d),f_2(U,d))$ を考える．

> **公理1** [(強)パレート最適性公理]：$v_1 \geq f_1(U,d), v_2 \geq f_2(U,d)$ かつ $v \neq f(U,d)$ を満たす $v=(v_1,v_2) \in U$ が存在しない．
>
> **公理2** [正アフィン変換からの独立性公理]：$U'=\{(\alpha_1 u_1+\beta_1, \alpha_2 u_2+\beta_2) | u \in U\}$ とし，$d'=(\alpha_1 d_1+\beta_1, \alpha_2 d_2+\beta_2)$ $(\alpha_1 > 0, \alpha_2 > 0)$ としたとき，$f_1(U',d')=\alpha_1 f_1(U,d)+\beta_1, f_2(U',d')=\alpha_2 f_2(U,d)+\beta_2$．
>
> **公理3** [対称性公理]：(U,d) が対称，すなわち，$d_1=d_2$ かつ $(u_1,u_2) \in U \Leftrightarrow (u_2,u_1) \in U$，ならば $f_1(U,d)=f_2(U,d)$．
>
> **公理4** [無関係な代替案からの独立性公理]：2つの交渉問題 $(U,d), (T,d)$，$U \supset T$ において $f(U,d) \in T$ ならば，$f(U,d)=f(T,d)$．

これら4つの公理は次のように解釈することができる．パレート最適性公理は他の提携形ゲームの解と同様，協力の利益を無駄なく分配することを要請している．

正アフィン変換からの独立性公理は，各プレイヤーの利得のスケールをそれぞれ，$\alpha_1 u_1+\beta_1, \alpha_2 u_2+\beta_2$ によって変換しても，妥結点の結果はそのスケールで変換されるだけで，本質的には変わらないことを要請している．これは例えば，交渉の基準点が変動しても，妥結点が同じ量だけ変動することを示して

いる．また，交渉の際の単位の取り方に依存しないことを示している．すなわち，金銭の分配に関する交渉とすると，その交渉が日本円で行われるか，アメリカドルで行われるかで結果が左右されることはない．

対称性公理は，2人のプレイヤーにとって実現可能集合および基準点が対称な時は，2人が同じ利得を得ることを要請している．

無関係な代替案からの独立性公理(図17.4)は，少し意味がとりにくいが，重要な公理である．実現可能集合がUからTに縮小しても元の妥結点$f(U,d)$が実現可能集合Tの中にとどまるならば，その$f(U,d)$が縮小したゲーム(T,d)でも妥結点になることを要請している．すなわち，$U\setminus T$のような交渉に無関係な点の集合は，それを取り除いても交渉の妥結点に影響しない．

これらの4つの公理を満たす交渉解としてナッシュ解は特徴付けられる．

定理 17.1

公理1から公理4を満たす交渉問題(U,d)に交渉の妥結点を対応させる関数はナッシュ解に限る．

公理4：無関係な代替案からの独立性公理
$(U,d), (T,d), U \supset T$において
$f(U,d) \in T$ ならば $f(U,d) = f(T,d)$．

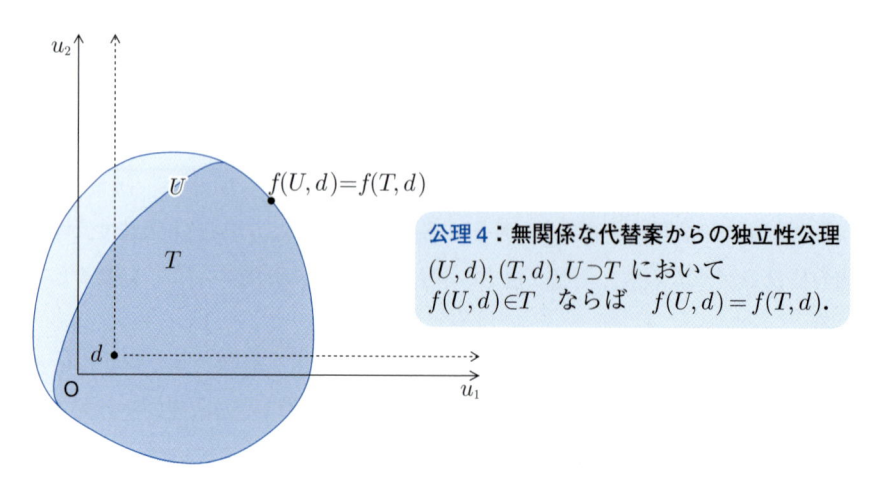

図 17.4　無関係な代替案からの独立性

17.3 ナッシュ解の4つの公理

証明

数式を用いた厳密な証明ではなく，図を用いて証明を解説することとする．

初めに，U が $U_1 = \{(u_1, u_2) \mid u_1 + u_2 \leq 1,\ u_1 \geq 0,\ u_2 \geq 0\}$ で与えられ，$d=(0,0)$ である場合を考える．このとき図 17.5 のように (U, d) が対称なので，対称性公理とパレート最適性から交渉の妥結点 u^* は $\left(\frac{1}{2}, \frac{1}{2}\right)$ となる．

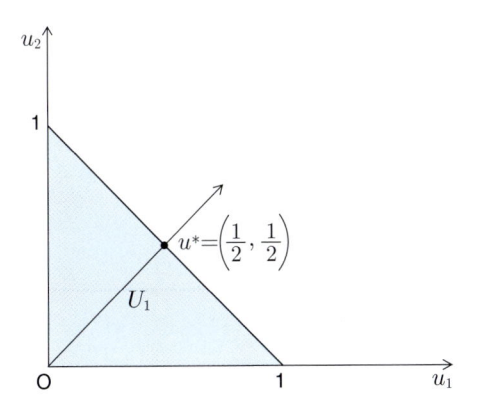

図 17.5 $(U_1, 0)$ に対する交渉解

次に U が $U_2 = \{(u_1, u_2) \mid \frac{u_1}{a} + \frac{u_2}{b} \leq 1,\ u_1 \geq 0,\ u_2 \geq 0\}$ で与えられ，$d=(0,0)$ である場合を考える．このとき図 17.6 のように，正アフィン変換からの独立性から交渉の妥結点 u^* は $\left(\frac{a}{2}, \frac{b}{2}\right)$ となる．このとき，接線の傾き $-\frac{b}{a}$ と，妥結点 u^* と原点 $(0,0)$ を結ぶ直線の傾き $\frac{b}{a}$ の絶対値が一致し，符号が反対となっていることに注意する．

次に U のパレート最適な部分の境界線が十分になめらかで，各点に対し，ただ1つの接線が存在するケースを考える．また，$d=(0,0)$ とする．このとき，図 17.7 のように U を含む大きな多角形で U のパレート最適な点の1つで接しているようなものを想定する．そして，その接線の接点が図 17.6 のケースの妥結点 u^* と一致するようにする．そのようなケースは唯一存在し，接線の傾きと，妥結点 u^* と原点 $(0,0)$ を結ぶ直線の傾きの絶対値が一致し，符号が反対となっている場合である．このとき，その多角形を実現可能集合とする交渉問題の交渉解はその接点となる．無関係な代替案からの独立性公理から，元の交渉問題 (U, d) の解も同じ点となり，この点は2人の

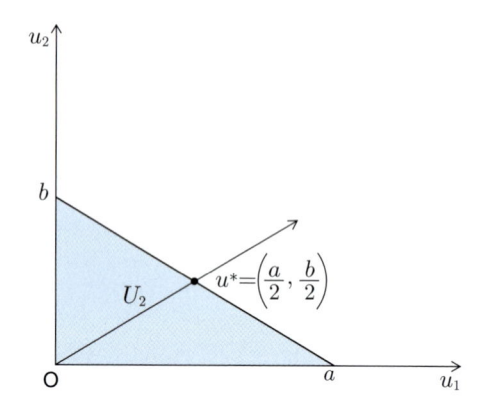

図 17.6 $(U_2, \mathbf{0})$ に対する交渉解

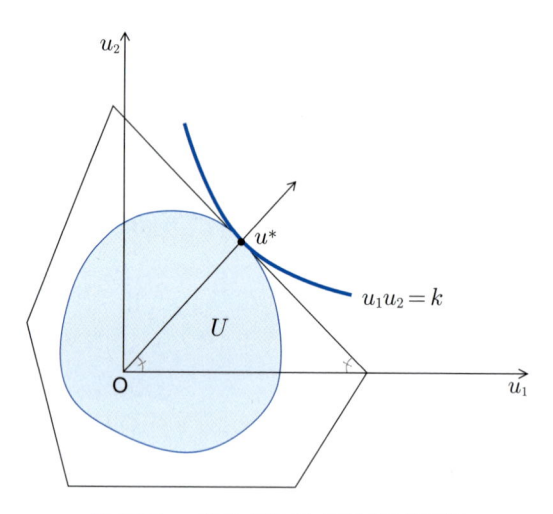

図 17.7 一般の $(U, \mathbf{0})$ に対する交渉解

得る利得の積を最大にしている．十分になめらかでない場合の議論は岡田 [22] および Nash [19] を参照していただきたい．

最後に正アフィン変換からの独立性公理を用いると，基準点が原点でない場合の妥結点を決定することができる． (証明終)

ナッシュ解の求め方

ナッシュ解は以上の4つの公理を満たすことから，実現可能集合のパレート最適な部分が直線で表されるときはナッシュ解は次のような単純な計算で求めることができる．

例えば図17.2の交渉問題の場合，基準点からの差が均等になる点が妥結点であるから $u_A + u_B = 10$, $u_A - 2 = u_B - 1$ を解いて，妥結点は $(u_A, u_B) = (5.5, 4.5)$ となる．この問題は図17.8を用いて解説することもできる．まず，実現可能集合 U の中で，2人ともがそれぞれ，d_A, d_B 以上を獲得する領域を考える．このとき，プレイヤーAがすべての協力の利益を獲得すると $(9, 1)$ となる．一方，プレイヤーBがすべての協力の利益を獲得すると $(2, 8)$ となる．交渉の妥結点はこの中点 $(5.5, 4.5)$ となっている．

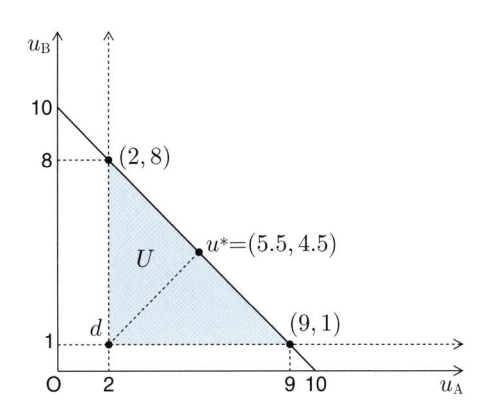

図 17.8 10万円の分配交渉のナッシュ解

さらに，実現可能集合が図17.9で表されるようなケースを考えてみよう．このとき $U = \{(u_A, u_B) \mid 2u_A + u_B \leq 18, u_A \geq 0, u_B \geq 0\}$ であり，実現可能集合 U の中で，2人ともがそれぞれ，d_A, d_B 以上を獲得する領域は図の網かけ部分である．そこにおいて，Aがすべての協力の利益を獲得すると $(8, 2)$ となる．一方，Bがすべての協力の利益を獲得すると $(3, 12)$ となる．図17.8のケースと同様，交渉の妥結点は2つの点の中点 $(\frac{11}{2}, 7)$ となる．

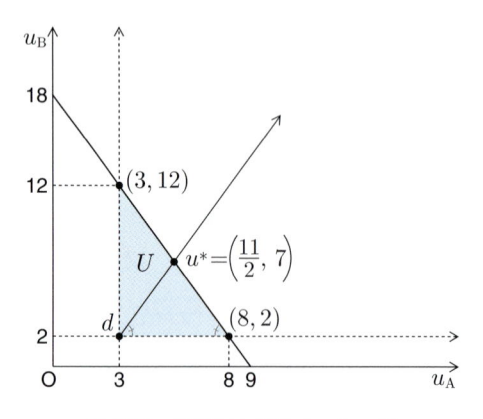

図 17.9 例題におけるナッシュ解

様々な実現可能集合に関する交渉の妥結点に関しては，例えば船木 [9] を参照していただきたい．

● ナッシュの要求ゲーム

ナッシュはこの交渉ゲームの解を，非協力ゲームのナッシュ均衡として実現する枠組みを考えた．それはナッシュの要求ゲームと呼ばれるものである．2人のプレイヤー A, B は同時に自分の要求量 x_A, x_B を決定する．このとき (x_A, x_B) が U の中にあれば，それを獲得し，U の中になければ (d_A, d_B) を獲得する．このゲームには多数のナッシュ均衡があるが，変動ゲームというものを考え，その均衡点の収束先を考えるとそれはナッシュ解となる．この議論はある種の合理性に基づくナッシュ均衡はナッシュ解だけであることを示している (Nash [20] 参照)．さらに，これはゼルテンの定義した完全均衡点の概念 (岡田 [22] および Selten [28] 参照) を先駆的に考察したものである．このように，公理的に導かれた協力ゲームの解を，適切な非協力ゲームのナッシュ均衡として表現するアプローチはその後「ナッシュプログラム」と呼ばれ，多くの研究がなされている．

● ルービンシュタインの相互提案ゲーム

さらに，ルービンシュタイン (A. Rubinstein) は，プレイヤー A, B が相互に分配の提案をする，無限に続く展開形ゲームを考えた (相互提案ゲーム；Rubinstein [26])．

図 17.2 で表されるようなある一定額の分配交渉を考えよう．A が先手の場合，A がまず，その一定額の分配案を提案する．A の提案を B が受諾すればゲームはそこで終了する．もし，B が拒否すると，提案権は B に移り，B が分配額の提案を行うが，分配すべき一定額はある割引率で割り引かれて小さくなる．その小さくなった額の分配を B は提案しなければならない．B の提案を A が受諾すれば，ゲームはそこで終了するが，拒否すると，提案権は再度，A に移る．その際，A はさらに割り引かれ，より小さくなった一定額の分配を提案しなければならない．以下，提案が拒否され続ける限り，分配すべき額は割り引かれて減少しつつ，ゲームは無限に続くこととなる．このゲームにおけるサブゲーム完全均衡点は割引率がゼロに近づくと，その均衡利得がナッシュ解の妥結点に近づくことが知られている．

このような相互提案ゲームのサブゲーム完全均衡の計算については岡田 [21]，定理の証明については岡田 [22] を参照していただきたい．

以上に述べたように，交渉問題に関して，多くの研究が現在も進んでいる．

参 考 文 献

[1] R. J. Aumann and M. Maschler, "The Bargaining Set for Cooperative Games," *Annals of Mathematics Studies*, Vol.52, pp.443–476, 1964.
[2] R. J. Aumann and M. Maschler, "Game Theoretic Analysis of a Bankruptcy problem from the Talmud," *Journal of Economic Theory*, Vol.36, pp.195–213, 1985.
[3] R. Axelrod, *The Evolution of Cooperation*, Basic Books, 1984. 松田裕之訳『つきあい方の科学―バクテリアから国際関係まで [新装版]』ミネルヴァ書房, 1998.
[4] T. N. Cason, T. Saijo, T. Sjostrom and T. Yamato, "Secure Implementation Experiments: Do Strategy-proof Mechanisms Really Work?" *Games and Economic Behavior*, Vol.57, pp.206–235, 2006.
[5] M. Davis and M. Maschler, "The Kernel of a Cooperative Game," *Naval Reserach Logistic Quaterly*, Vol.12, pp.223–259, 1965.
[6] P. Dubey, "On the Uniqueness of the Shapley Value," *International Journal of Game Theory*, Vol.4, pp.131–139, 1975.
[7] P. K. Dutta, *Strategies and Games*, The MIT Press, Massachusetts, 1999.
[8] 船木由喜彦『エコノミックゲームセオリー―協力ゲームの応用』サイエンス社, 2001.
[9] 船木由喜彦『演習ゲーム理論』新世社, 2004.
[10] R. Gibbons, *Game Theory for Applied Economists*, Princeton Univeristy Press, Princeton, 1992. 福岡正夫・須田伸一訳『経済学のためのゲーム理論入門』創文社, 1995.
[11] クレーヴァ香子『非協力ゲーム理論』知泉書館, 2011.
[12] S. Kakutani, "A Generalization of Brouwer's Fixed Point Theorem," *Duke Mathematical Journal*, Vol.8, pp.457–459, 1941.
[13] E. Kalai, "Proportional Solutions to Bargaining Situations: Interpersonal Utility Comparisons," *Econometrica*, Vol.45, No.7(Oct.), pp.1623–1630, 1977.
[14] E. Kalai and M. Smorodinsky, "Other Solutions to Nash's Bargaining Prob-

lem," *Econometrica*, Vol.43, No.3(May), pp.513–518, 1975.

[15] E. Kohlberg, "The Nucleolus as a Solution of a Minimization Problem," *SIAM Journal on Applied Mathematics*, Vol.23, pp.34–39, 1972.

[16] 武藤滋夫『ゲーム理論入門』日本経済新聞社, 2001.

[17] 武藤滋夫・小野理恵『投票システムのゲーム分析』日科技連出版社, 1998.

[18] 中山幹夫・船木由喜彦・武藤滋夫『協力ゲーム理論』勁草書房, 2008.

[19] J. F. Nash, "The Bargaining Problem," *Econometrica*, Vol.18, No.2 (Apr.), pp.155–162, 1950.

[20] J. F. Nash, "Two-Person Cooperative Games." *Econometrica*, Vol.21, No.1 (Jan.), pp.128–140, 1953.

[21] 岡田章『ゲーム理論・入門』有斐閣, 2008.

[22] 岡田章『ゲーム理論[新版]』有斐閣, 2011.

[23] M. J. Osborne and A. Rubinstein, *A Course in Game Theory*, MIT Press, Massachusetts, 1994.

[24] G. Owen, *Game Theory*, 2nd ed., 3rd ed., Academic Press, 1982, 1995.

[25] B. Peleg and P. Sudholter, *Introduction to the Theory of Cooperative Games*, Kluwer Academic Publishers, 2003.

[26] A. Rubinstein, "Perfect Equilibrium in a Bargaining Model," *Econometrica*, Vol.50 (1), pp.97–109, 1982.

[27] D. Schmeidler, "The Nucleolus of a Characteristic Function Game," *SIAM Journal on Applied Mathematics*, Vol.17, pp.1163–1170, 1969.

[28] R. Selten, "Reexamination of the Perfectness Concept for Equilibrium Points in Extensive Games," *International Journal of Game Theory*, Vol.4, pp.25–55, 1975.

[29] 鈴木光男『ゲームの理論』勁草書房, 1959, 2003(OD版).

[30] 鈴木光男『ゲーム理論入門』共立出版, 1981.

[31] 鈴木光男『新ゲーム理論』勁草書房, 1994.

[32] 鈴木光男・武藤滋夫『協力ゲームの理論』東京大学出版会, 1985.

[33] J. von Neumann and O. Morgenstern, *Theory of Games and Economic Behavior*, Princeton University Press, Princeton, 1944, 1947, 1953, 2004 60th-Anniversary Edition. 銀林浩ほか監訳『ゲームの理論と経済行動』東京図書, 1972.

索 引

あ 行

安定コア　153
安定集合　141, 142
鞍点　43

異議　168

後向き帰納法　77

永久懲罰戦略　102

凹性　135, 139
オウム返し戦略　102
オーウェン(G. Owen)　200
オーマン(R. J. Aumann)　1
脅し均衡　89
脅し戦略　89
重み付き多数決ゲーム　195
重みベクトル　132

か 行

カーネル　167, 170
外部安定性　142
角谷静夫　60, 61
角谷の不動点定理　60, 61
加法性公理　181
カライ=スモルディンスキー解　204
完全均衡点　210
完全情報ゲーム　72

完全ビッグボスゲーム　139
完全ベイジアン均衡　81, 84, 86

基準点　202
期待効用理論　57
期待利得関数　57
逆異議　168
逆整合性公理　174
逆向き帰納法　77
客観解　149
強支配　10
強支配戦略　10
　——均衡　11
強パレート最適　13
共有知識　24
協力ゲーム　1, 105, 106
極小勝利提携　193
局所純戦略　72
局所戦略　74
拒否権プレイヤー　193

偶然手番　81, 82
繰り返し n 人ゲーム　96
繰り返しゲーム　34, 93

ゲームの値　53, 120
ゲームの木　68
ゲーム理論　1
限界貢献度　136, 180

コア　117, 122, 125, 129, 130, 142
　　──の存在条件　129, 132
コイン合わせゲーム　42, 56
貢献度　136, 180
交渉解　203
交渉曲線　147
交渉集合　167, 169
交渉問題　201, 202
交渉領域　202
行動　6, 72, 95
行動基準　11
行動戦略　74
　　──ナッシュ均衡　74
効用関数　134
効用の譲渡可能性　106
個人合理性　118
混合戦略　55, 56, 72
　　──ナッシュ均衡　73

さ 行

最小化プレイヤー　43
最小コア　158
最大化プレイヤー　43
最大不満　170
最適戦略　53
最適反応戦略　32
サブゲーム　75
　　──完全均衡　75, 100
差別解　151
3人拒否権ゲーム　144
3人ゲームの基本三角形　119
3人多数決ゲーム　147

市場ゲーム　134
実現可能集合　202
しっぺ返し戦略　102
始点　68

支配　10, 120
支配域　145
支配戦略　5, 11
　　──均衡　11
シャープレイ＝シュービック投票力指数　193
シャープレイ値　179, 180, 191
弱支配　10
弱支配戦略　11
　　──均衡　11
弱パレート最適　14
集合値関数　60
囚人のジレンマ　15, 94
縮小ゲーム　173
シュマイドラー（D. Schmeidler）　155, 156
準カーネル　170
純粋戦略　6, 56
純戦略　6, 56, 72
準配分　170
譲渡可能効用のあるゲーム　106
上半連続　60
情報構造　71
情報集合　71
情報分割　71
勝利提携　192
仁　155, 156
信念　85

正アフィン変換からの独立性公理　205
整合性　163
　　──公理　173
整合的な信念　86
成分ゲーム　95, 98
ゼルテン（R. Selten）　1, 210
ゼロ正規化ゲーム　115
全射　123

全体合理性　118
　　──公理　181
全体提携　108
全平衡ゲーム　136
戦略　6
戦略形ゲーム　5, 6
　　──への変換　79
戦略的同等　114
　　──性　114
戦略の逐次消去　18, 38

双行列ゲーム　7
相互提案ゲーム　211

た　行

対応　60
対称　181
　　──解　149
　　──ゲーム　9, 130
対称性公理　181, 206
妥結点　203
タルムードの問題　162
単射　123
単調性　113, 135, 139

逐次消去均衡　17, 18
逐次消去による結果　18
頂点　70

提携　107
提携形 n 人ゲーム　107
提携形ゲーム　105, 106, 117
　　──の解　117, 120
提携形成問題　106
提携合理性　124
提携値　108
定和ゲーム　110

手番　70
展開形ゲーム　67, 70, 81

同型　122
到達可能な情報集合　86
到達可能なパス　86
投票ゲーム　192
投票問題　191
独裁者　193
特性関数　107, 112
　　──形ゲーム　108
凸ゲーム　136, 152
トリガー戦略　102

な　行

内部安定性　142
ナッシュ（J. F. Nash）　1, 31, 201
ナッシュ解　201, 204
ナッシュ均衡　31, 32
　　──戦略　33
ナッシュの要求ゲーム　210
ナッシュプログラム　210
ナルプレイヤー　181, 193
　　──公理　181

は　行

配分　118, 120
破産ゲーム　111, 161, 162, 175
破産問題　111, 155, 162
ハルサニ（J. C. Harsanyi）　1
パレート強支配　13
パレート効率的　13
パレート最適　13
　　──性公理　181, 205
パレート支配　13
パレート弱支配　13

非協力ゲーム　1, 5
美人投票ゲーム　25
ビッグボス　139
　──ゲーム　140
　──性　139
ピボットプレイヤー　194
費用ゲーム　116
標準化　79
標準解　175
標準形ゲーム　6
費用節約ゲーム　116
費用特性関数　116
費用分担問題　186
比例解　204

フォーク定理　100
フォン・ノイマン（J. von Neumann）
　　1, 41, 105, 111, 141
フォン・ノイマン＝モルゲンシュテルン
　解（vNM 解）　142
複占市場ゲーム　27
不合意点　202
2人交渉ゲーム　202
2人ゼロ和ゲーム　41, 42
不動点　60
　──定理　60
部分ゲーム　75
　──完全均衡　76
不満　156, 170
　──ベクトル　156
ブラウワーの不動点定理　60
プレイ　70
プレイヤー　6
　──集合　6, 107
　──分割　71
プロパー性　192

平衡ゲーム　133
平衡集合族　132
ベイズの定理　85
別払い　106
　──のあるゲーム　106
変動ゲーム　210

保証水準　47
本質的ゲーム　112

ま行

マクシミン戦略　47
マックスミニ戦略　47
マックスミニ値　47
マッチングペニー　42

ミニマックス戦略　47
ミニマックス値　48
ミニマックス定理　62

無関係な代替案からの独立性公理　206
無限繰り返しゲーム　98

モルゲンシュテルン（O. Morgenstern）
　　1, 41, 105, 111, 141

や行

優加法性　112
有限繰り返しゲーム　95

ら行

利得　7
　──関数　7, 72
　──行列　43
　──ベクトル　118
履歴　96

ルービンシュタイン（A. Rubinstein）
　211

わ行

和ゲーム　181
割引利得　99

欧字

ε コア　158
CG 原理　163
CG 整合解　164
T 全員一致ゲーム　182

著者紹介

船木　由喜彦（ふなき　ゆきひこ）

1980 年	東京工業大学理学部数学科卒業
1985 年	東京工業大学大学院総合理工学研究科博士課程修了
1985 年	東洋大学経済学部専任講師
1995 年	東洋大学経済学部教授
1998 年	早稲田大学政治経済学術院教授　理学博士
専　門	ゲーム理論，実験経済学

主要著書・論文

『ゲーム理論で解く』有斐閣，2000 年.（共編著）
『エコノミックゲームセオリー——協力ゲームの応用』サイエンス社，2001 年.
『演習ゲーム理論』新世社，2004 年.
『協力ゲーム理論』勁草書房，2008 年.（共著）
『制度と認識の経済学』NTT 出版，2013 年.（共編著）
『ゲーム理論アプリケーションブック』東洋経済新報社，2013 年.（共編著）
『はじめて学ぶゲーム理論』新世社，2014 年.
"The Core of an Economy with Common Pool Resource: A Partition Function Form Approach," *International Journal of Game Theory*, Vol. 28, 1999.（共著）
"Axiomatization of a Class of Equal Surplus Sharing Solutions for TU-Games," *Theory and Decision*, vol.67, No.3, pp.303–340, 2009.（共著）
"Non-cooperative and Axiomatic Characterizations of the Average Lexicographic Value," *International Game Theory Review*, vol.12 (Issue 4), pp.417–435, 2010.（共著）

新経済学ライブラリ＝別巻 12
ゲーム理論講義

2012年 2月10日 ©	初 版 発 行
2020年 9月10日	初版第4刷発行

著　者	船木由喜彦	発行者	森平敏孝
		印刷者	馬場信幸
		製本者	小西惠介

【発行】　　　　　　株式会社　新世社
〒151-0051　東京都渋谷区千駄ヶ谷1丁目3番25号
編集☎(03)5474-8818(代)　　サイエンスビル

【発売】　　　　　　株式会社　サイエンス社
〒151-0051　東京都渋谷区千駄ヶ谷1丁目3番25号
営業☎(03)5474-8500(代)　　振替 00170-7-2387
FAX☎(03)5474-8900

印刷　三美印刷　　　　製本　ブックアート
《検印省略》

本書の内容を無断で複写複製することは，著作者および出版者の権利を侵害することがありますので，その場合にはあらかじめ小社あて許諾をお求め下さい。

サイエンス社・新世社のホームページのご案内
http://www.saiensu.co.jp
ご意見・ご要望は
shin@saiensu.co.jp　まで．

ISBN978-4-88384-175-2
PRINTED IN JAPAN

経済学叢書 Introductory

基礎から学ぶミクロ経済学

塩澤修平・北條陽子 著
A5判／272頁／本体2,300円（税抜き）

現実の経済を理解する手段としてのミクロ経済学を，学部の初歩から中級レベルまで学ぶためのテキスト．左頁には基礎的内容を解説した本文，右頁には関連する図表やBOX・STEP-UPなどの囲み記事を配した見開き形式とし，効率よく学習をすすめられるよう工夫した．また，章末のゼミナールではより発展的な解説を加え，理解を体系的に定着させることができる．さらに専門的な分野を学ぶ準備として，また試験問題を読み解く力を養うのにも最適の一冊．

【主要目次】
経済学の考え方／市場のしくみ／消費者の行動／生産者の行動／市場の均衡／経済厚生／不完全競争とゲーム理論／市場の失敗／不確実性と情報／国際貿易と資本移動

発行　新世社　　発売　サイエンス社

新経済学ライブラリ 別巻9

経済・経営系
数学概説
第2版

竹之内 脩 著
A5判／216頁／本体2,000円（税抜き）

本書は，経済学・経営学を志す初学者に必要な数学の基礎をわかりやすく説いた好評書の改訂版である．データ・具体例を近年の社会動向に合わせて一部新しくし，練習問題を充実させた．また，本文・図表の装いを一新し，視覚的にもより読みやすく，わかりやすくなるように一層の配慮を加えた．2色刷．

【主要目次】
数値の動き／基礎的な関数／微分法入門／微分法の応用－値の動きの分析／指数関数的増大／多変数問題／行列／連立1次方程式／産業連関問題／線形計画法

発行 新世社　　発売 サイエンス社

演習新経済学ライブラリ 4

演習 ゲーム理論

船木由喜彦 著
A5判／240頁／本体2,200円（税抜き）

今日ゲーム理論は経済学をはじめ諸領域に大きな貢献をもたらし，高い関心を集めている．本書は多様なゲーム理論の問題を集成した初の演習書で，ゲーム理論の各テーマの解法を身につけることで理論と応用が確実に理解できることを目指した．重要事項のまとめと精選された良問，問題の丁寧な解説によって構成され，ポイントが短時間で効率よくマスターできるように工夫されている．2色刷．

【主要目次】
戦略形ゲームと戦略の支配／ナッシュ均衡と混合戦略／2人ゼロ和ゲーム／展開形ゲーム／情報不完備ゲームと完全ベイジアン均衡／提携形ゲーム／配分集合とコア／コアの存在条件といろいろなゲームのコア／安定集合（vNM解）／交渉集合カーネルと仁／シャープレイ値とその応用／マッチングゲームのコア／ナッシュの交渉問題

発行 新世社　　発売 サイエンス社